アメリカ

橋爪大三郎　大澤真幸
Hashizume Daisaburo　Ohsawa Masachi

河出新書
001

まえがき

アメリカというものには、極端な両義性がある。

まず、アメリカは、圧倒的な世界標準である。世界中の人が、アメリカ的な価値観を受け入れている……というといい過ぎだが、少なくとも、アメリカ的な価値観がデフォルトの標準であるという前提を、受け入れている。仮に自分は賛同できないとしても、アメリカに代表される価値観の方が標準とされていることを、すべての人が知っているのだ。いいかえれば、誰もが、アメリカの観点から捉えた世界が、まさに世界の客観的な実態であるという前提で、行動している。この意味では、アメリカこそ世界だ。

ならば、アメリカ社会は、地球上のさまざまな国や社会の平均値に近いのか、というと、そうではない。逆である。アメリカは、他に似た社会を見出せないまったくの例外なのだ。アメリカは西洋の一員であろうが、その西洋という枠組みの中で捉えても、アメリカは非常に特異であり、ほかの西洋社会との違いがきわだっている。

標準なのに例外。その二重性によって、アメリカは「現代」を代表している。

＊

加えて、日本とアメリカの関係、いや日本のアメリカに対する関係が、非常に独特で他に類例を見ない。

アメリカとの関係を基軸に国際情勢を捉えているという点では、どの国も同じである。アメリカに経済や政治や安全保障の上で依存している国は、日本だけではない。しかし、戦後の日本がアメリカに対してとってきた態度は、こうした一般的なタイプには解消できないものがある。

前世紀の中盤、日本は、アメリカを敵として総力戦を戦った。そして、完敗した。敗北を認める直前には、二発の原子爆弾を落とされた。それなのに、戦後の日本人は、基本的にはアメリカが好きである。それだけではない。日本人と日本政府は、アメリカが日本を好きだということを——特にそう思うことができる理由もないのに——戦後ずっと前提にしてきた。

そんなに好きならば、日本人はアメリカをよく理解しているのか。アメリカに詳しいのか。これまた「否」といわざるをえない。おそらく日本人ほどアメリカを理解できていない国民はほかにない。これには無理からぬ事情がある。二つの社会はあまりにも成り立ちを異にしていて、共通しているところがほとんどないのだ。まだキリスト教になじんでいれば、アメリカを理解する手がかりにもなるのだが、日本社会はキリスト教や一神教とも縁遠い。

アメリカへの愛着の大きさとアメリカへの無理解の程度の落差。これが、戦後日本を特徴づけている。

だから、アメリカを知ることとは、現代社会の全般を理解することでもあり、そして現代日本を知ることでもある。

＊

橋爪大三郎さんと私は、これまでもいろいろな主題で対談してきた。これまでもそうだったが、橋爪さんとの対談では、私は安心して自由に語ることができる。どんな話題をふっても、どんな勝手な思いつきも、橋爪さんがしっかりとした学知によって受け止めてくれるからである。とりわけ、「アメリカ」という主題では、こうした安心感が大きかった。橋爪さんは、アメリカのキリスト教、とりわけそのプロテスタント的な雰囲気に、ひとりの生活者としても、また学者としても深く通じているからである。

もし世界を、そして日本を根本から変えなくてはならないのだとしたら、世界を変えることにおいて自分が変わらなくてはならないのだとしたら、アメリカ（を通じて日本）を知ることこそが、まちがいなく、そうした変化への道の入り口である。

大澤真幸

目次

III 私たちにとってアメリカとは何か 247

I

アメリカとはそもそもどんな国か

1　キリスト教から考える

アメリカという問題

橋爪　アメリカという国はとても大きくて、それ自身がひとつの大問題です。アメリカ抜きに世界史を考えることはできないし、現代世界を考えることもできない。

じゃあそもそも、アメリカとは何なのか。

本書は、アメリカの本質に、光を当てたい。それなら、まず最初に押さえておくべきなのは、キリスト教だと思います。

キリスト教がなかったら、アメリカは存在しません。キリスト教を軸にして、そのまわりに、アメリカという国家が形成された。このあたりの事情がよくわかることが、アメリカを理解するツボだと思います。

大澤　なるほど。

宗教改革とは何か

橋爪　もっとも、キリスト教とひと口に言っても、ひと筋縄ではいかない。古代のキリスト教、中世のキリスト教、近世のキリスト教、そして今トランプ政権を支えているキリスト教保守派まで、つながってはいても、ずいぶん違うんです。

ではキリスト教の、どこに注目すべきか。

それは、宗教改革だと思います。

ルターが一五一七年に始めた宗教改革が、ヨーロッパ中に広まった。そのあといろいろゴタゴタがあって、およそ一〇〇年後、ヨーロッパで居場所をなくしたプロテスタントの人びとが、新大陸を目指してやって来た。理想の社会、理想の国をつくるのだと思い立った彼らピューリタン。これが、アメリカの出発点です。このことが神話のように、アメリカ人の精神の中でこだましている。

じゃあ、宗教改革とは何だったのか。カトリックは何か、プロテスタントは何か。プロテスタントは、何に反対したのか。なぜヨーロッパで、宗教対立、宗教戦争が起こったのか。ピューリタンはアメリカに何を求めたのか。——こういった点を、順に押さえていくべきなのです。

大澤　おっしゃるとおり、アメリカを考える上で宗教改革から考えなくてはいけないのは確実です。

ただ、先取り的に言っておくと、宗教改革がベースなのに、考えようによってはアメリカで展開したキリスト教が宗教改革の精神を裏切っているところがあるんですね。宗教改革から始まっているのにもう一段どこかで反転するようなことが起きる。それがこの本をつうじてわかってくるとよいと思います。

しかし、まず宗教改革が何だったかを特にカトリックとの関係でしっかり押さえておかないとその反転の意味もわからない。

橋爪　そうですね。というわけで、改めて、宗教改革とは何か。

教会というものが存在するから、宗教改革が起こるんです。キリスト教なら教会があるのは当たり前じゃないか、と私たちは思いますが、じゃあ、一神教なら必ず教会があるのか？　ユダヤ教には教会が、ない。イスラム教には教会が、ない。教会があるのは、キリスト教だけなんです。

大澤　それはなぜなのでしょう？

橋爪　一神教は、神を信仰するものでしょう。神を信仰すれば、成立する宗教です。だけど、なぜ神のほかに、教会があるのか。それは、キリスト教には、イエス・キリストがいたからです。イエス・キリストが弟子を教え、弟子に布教を命じ、弟子のペテロをリーダーに任命したからです。ほんとうにそうかなあ、と思わないでもないのですが、聖書にはそう書いてある。

そうすると、ペテロをトップにする集団ができます。

集団の中でいろいろ議論が起こります。イエスは神か人間かとか、イエスは復活したのかどうかとか、割礼はすべきかどうかとか。こういうことを、その集団が解決していくんですね。そうすると集団は、決まった考え方をするようになりますが、同時にこれが、キリスト教の中身になっていく。意見の合わない人びとは、異端として追い出す。このつみ重ねが、教会なんです。正教会もカトリック教会も、そうです。

大澤　キリスト教には唯一神と不可分なかたちでキリストがいる。それが、地上の人間の共同体でありながら、世俗の政治的共同体とは異なる聖なる共同体としての教会というものを生むのですね、きっと。なるほどね。

橋爪　さて、あとひとつ、聖書というものがある。聖書は、神を信じる根拠になる、神の言葉ですね。聖書と、教会の決まりとは、合致しているべきです。ところが実際には、教会がだんだん発展していくと、聖書と合わないところが出てくる。それにうすうす気がつきながらも、そんなズレはありませんと言い張るのが、教会です。実際、カトリック教会は、それをやった。

もしも、一般の信徒が聖書を読めば、ズレがあることがわかりますね。そのときに、聖書に合わせて教会のあり方を正すか、それとも、教会のあり方に合わせて聖書のほうを読み替え、聖書どおりに読んでいるという人びとを追い出すか、ふたつにひとつです。

ここで、教会のあり方を尊重した人びとを「カトリック」といい、聖書にもとづいて教会に抗議の声を上げた人びとを「プロテスタント」という。

こうした出来事は、ユダヤ教で起きないし、イスラム教で起きない。それから、正教会でも起きなかった。どうしてかというと、正教会は政府と二人三脚みたいになっていて、抗議の声を上げようとしても、そんな連中をつまみ出すことができたからです。

でも、西ヨーロッパには、教会に文句のある封建領主や国王が大勢いた。教会は敵が多かった。そこで、抗議の声を上げた人びとを、かくまう余地がありました。ルターはそうやって、社会運動を起こすことができたわけです。

国王と教会

大澤　一神教は神の言葉が必要なので、オリジナルテキストが重要というのが共通特徴なんですよね。ところが、教会が聖書というオリジナルテキストと同じくらい重要性をもってしまったのがキリスト教。プロテスタントでも、いったん教会を捨てて聖書派に立ちますが、やがて、カトリックの教会とは別の、いわば純粋教会とでも呼びたくなるような共同体が出てくるというメカニズムがあります。そのくらい、キリスト教というものの本質と教会的なものとの間には、密接な繋がりがある。

それから、西洋由来の社会の中で集団を形成していく原理、その根幹に教会というものが作用しているように思います。たとえば、アメリカ合衆国はひとつの国ですが、実は中央政府をつくるのにかなり苦労している。分権化に向かう力と中央集権化の力とが両方とも働いているのです。詳しくは説明しませんが、この二重性にキリスト教に由来するものが与《あずか》っている、と私は見ています。実は、この二重性は、現在のEUでも利いているんですね。まとまろうとしているのに、同時に遠心力も働いていていつも分解しそうにもなっている。

さらにもうひとつ、いま正教会との対比でおっしゃったとおり、政治的権力と宗教的権威が西ヨーロッパでは一体化していない。その著しい二元性が特徴です。教会はしばしば自分たちの命令で動いてくれる世俗の権力と結びついてひじょうに強力になるわけですけど、両者は別物です。教会自体には、自前の軍隊もない。この二元性は、よく言われていることですけれども、今の段階でしっかり押さえていく必要がある。この二元性があったからこそ、宗教改革も可能だったわけですから。

橋爪　はい、そうなんです。

私からも、少し補足します。

なぜ正教会（オーソドックス）が宗教改革を経験しなくて、カトリック教会が宗教改革を経験したのか。

ローマ帝国とカトリック教会はある段階で、グルになった。キリスト教を国教にしたのです。その後、ローマ帝国が分裂する。東ローマ帝国は、オーソドックスとグルになったまま、一五世紀まで存続した。ということは、教会が武力をもっているのと同じです。西ローマ帝国は、あっという間に滅んでしまった。そうなると、カトリック教会は丸腰。国王とグルになれるかどうかは運次第、ということになってしまった。これが第一です。

第二は、国王とカトリック教会の関係。組織原理がまるで違うのです。

カトリック教会は聖職者がいて、独身です。組織の再生産は、相続と関係ない。血縁と関係なく、新しいメンバーをリクルートする。神がひとりだから、教会もひとつ。教会という組織は、全ヨーロッパにひとつだけ、になる。それに対して国王は、大勢いる。そして家族を営み、世襲で王位を継承する。異なる原理ですね。この二元性が、ヨーロッパ文明の根底にある。

終末と独身主義

橋爪　ではなぜ、独身主義なのか。

キリスト教は、イエス・キリストが再臨して、「神の王国」が実現することを待望する宗教です。現世に、関心がないのが正しい。結婚せず、家庭をもたないのが正しい。独身で祈りの生活を送り、イエス・キリストの再臨を待望するのが正しい。聖職者と教会が正しい、ということになるわけです。

でも人間は、生きています。家庭をもち、働き、生活します。それを保証するのが封建領主で、人びとの生活に責任をもつ。こういう二元的な体制なんですね。

大澤　今の二つの点はとても大事なことなので、それぞれ確認のためのコメントをつけておきます。まず第一の点。歴史の中で、政治権力から見放される宗教はよくありますが、たいていそのような宗教は滅びるんですよね、何の実効性もないから。ところが西ヨーロッパの場合、宗教が政治権力から独立なのに、政治権力以上の社会的リアリティをもち続けている。ここに考えなければいけない謎が残っています。第二の点に関しては、マックス・ウェーバー的な課題があります。キリスト教にあっては、本来は、宗教的関心が、すなわち現世への無関心です。しかし、その宗教的関心がやがて、プロテスタントでは、現世に還流してくるみたいなことが起きてくる。その弁証法的なダイナミズムを押さえておく必要があります。

橋爪　そうですね。

ルター派と再洗礼派

橋爪　さて、プロテスタントとは、ルターとそれに続く人びとのことです。

ルターの言った大事な点は何か。聖書が基本である。カトリック教会の言っていることは、嘘である。全部が嘘ではないが、肝心な点が嘘である。だから、聖書によって、信仰を正しましょう。そう考える人びとが、カトリック教会を飛び出した。

でもルターは、やっぱり教会をつくるんです（「ルター派」）。そして、さっさと結婚した。神父でなく牧師、信徒であるけれどもそのリーダー、になった。万人司祭主義といって、聖職者なんか存在すべきでない。信徒は自分で礼拝をするのが正しい、という考え方です。

信徒が平等なら、牧師と靴屋さん、パン屋さんは平等です。牧師をやるように神様に言われてやっているんですけど、ならば、靴屋さんやパン屋さんも神様に言われてやっている。すべての職業が、同様に尊い。すなわち天職である。この考え方も、ひじょうに重要ですね。

そのあと、「再洗礼派」が出てきます。再洗礼派は、カトリックの洗礼は無効だと考えた。だって、嘘の教会なんだから。そして、洗礼は、深い信仰に目覚めた人びとが、大人になってから受けるのがほんとうだ、と考えました。すると、洗礼を受けた、信徒の共同体ができます。ルター派は幼児洗礼を認めます。そんなのは不徹底だ、と再洗礼派はみるのですね。

再洗礼派はラディカルな反体制で、中世の社会秩序で聖書に根拠をもたないことを、全部否定しようとします。たとえば、封建領主に税金を払わない、とか。それで、封建領主と武力衝突します。ドイツ農民戦争ですね。そして、徹底的に弾圧されました。

ピューリタン

橋爪　「改革派」も大事です。ルターには飽き足らない、ツヴィングリや、カルヴァンの流れをくむ人びとです。

改革派の主張は何か。

救われる人／救われない人、がいるとして、神はそれをいつ決めたのでしょうか。人間は時間の中に生きています。でも神は、この世界の中に生きていないので、実は時間の中に生きていないんです。天地創造のときも終末のときも、神にとっては同時です。天地創造のときに「ジョン、お前は救われる」「メアリー、お前は救われない」と決まっているわけです。これを予定説といいます。予定説のように考えてこそ、神がこの世界を支配していることを、真に受け止めることができます。

予定説に立つとどうなるか。信仰をもって正しく生きれば、終末のときに救われる、と思うのは間違いである。救われるかどうかは、神が決めるのであって、人間にできることは何もない。そう考えるのですね。理屈からいうと筋が通っています。そこで、ルター派を押しのけて、ジュネーブやオランダ、イギリスで、大きな力をもった。

大澤　はい。予定説は、神の絶対的な超越性を前提にすれば、論理的には完全に筋が通っていますよね。

橋爪　さて、イギリスには、英国国教会というものができました。ヘンリー八世がその最初で、教会の首長になり、カトリックから分離して、エリザベス一世へ……と続いていくのですけれど、急ごしらえの教会で、教義は空っぽだった。まさかカトリックの教えそのままというわけにもいかない。そこで、英国国教会の中身は、ほぼ改革派になってしまいます。カルヴァンの考え方をちゃっかり拝借して、おおむねそれにならった。

イギリスのカルヴァン派の人びとを、ピューリタンといいます。でも、イギリスの政治情勢は複雑で、カトリックが巻き返すこともあれば、英国国教会とピューリタンが対立することもありました。のちにアメリカに移住したピルグリム・ファーザーズも、ピューリタンだった。圧迫を逃れてイギリスを逃げ出し、最初はオランダで、信仰生活を送ろうとしました。でもオランダではみな、オランダ語を話しているし、土地もないから農民としても働けない。じゃあいっそ、アメリカに入植しよう、と相談がまとまったわけです。

2 ピルグリム・ファーザーズの神話

新大陸に渡る

大澤 アメリカのことを考えるには改革派がいちばん重要になってくるんですが、いちばん理解するのが難しいのは、はっきり言うと、なぜそんなに神を信じるの？という点だと思います。彼らは、わざわざアメリカにまで渡ってその信仰を維持した人たちです。客観的に見ると、結局人間は、信じたいものを信じています。しかし、改革派が予定説を信じる客観的な連関を見出すのは難しい。実際には、イギリスの政治情勢と宗教的情況はころころ変わっていたので、日和見主義の人もいっぱいいて、たとえば「ブレイの教区牧師」なんていう、一八世紀のイギリスで流行った諷刺詩があります。

ブレイというのはイングランド南部の村の名ですが、クロムウェルが没した後の王政復古期にその村で牧師になった人物が、最初は国教会に忠誠を誓うわけですが、ローマ・カトリックを信ずるジェイムズ二世が王に就くや、もともとカトリックだったかのようなことを語り、やがてプロテスタント系のハノーヴァー朝が成立すると、また態度を切り替えたり……というのを揶揄《やゆ》しているのがこの諷刺詩です。当時、日和見主義者が聖職者の中にさえもたくさんいた、ということです。外的な情勢に合わせて態度を変えていけば、十分に生きていけたわけです。こういう日和見主義的な態度については、簡単に理解できるのです。

それに対して、改革派は頑固に信仰を貫くわけですが、どうしてそこまでの執着があったのか。どうしても疑問が出てきます。なぜなら、橋爪さんが説明された予定説に関しては、それを信じたくなる内発的な動機を見出すのがとても難しいからです。普通、人は、こうすれば救われる、という話を信じたくなる。しかし、予定説は、何をしたってあなたが救われる確率は高まらない、と説く。なぜそんなものを信じたいのか。しかも、アメリカにまで渡って、信仰を守りたい、という。当時、アメリカに渡るというのは、あえて誇張して言えば、今で言えば、月に行くみたいなものです。なぜ、そこまでして、彼らは自分たちの信仰に執着したのか。

橋爪　そう、とてもお金がかかります。よほどの覚悟だった。

当時たしかに、海外貿易に乗り出す人は山のようにいて、スペインやポルトガルは収奪型の植民地経営をしていた。この時期、東インド会社もできていますね。

大澤　そうですね。ちょっと教科書的な説明を入れておくと、東インド会社というのは、「東インド」との貿易とその地での植民活動を支援するために設立された独占的な特許会社で、国ごとにあった。イギリス東インド会社（一六〇〇年設立）、オランダ東インド会社（一六〇二年設立）、といった具合にです。当時、「インド」というのは、非ヨーロッパ世界、非地中海世界の総称のようなものですから、「東インド」会社というのは、アジア担当という感じです。それに対して、新大陸は「西インド」と呼ばれていました。ちなみに、オランダ東インド会社は、「世界初の株式会社」ということで、よく経済史で話題になりますね。

橋爪　というふうに、ビジネスのために海外に行く仕組みはできあがっていました。ピルグリム・ファーザーズの場合は、ビジネスではなく移住が目的で、苦労して資金を集め、二〇〇トンに満たないメイフラワー号で運んでもらえることになった。最初は二隻で渡ろうとしたが、片方は航海に耐えないことがわかって、荷物を積み替えたり、難渋しました。そして、ほんとうはもう少し南、特許状の出ていたヴァージニア植民地に行くはずが、コースを北にそれて、今のマサチューセッツ州のプリマスあたりに着いてしまったんですね。

メイフラワー契約

橋爪　そのとき、上陸前に結んだ、「メイフラワー契約」（一六二〇年）がとても重要です。実はメイフラワー号には、敬虔なピューリタンのほかに、植民地で下働きをする予定の

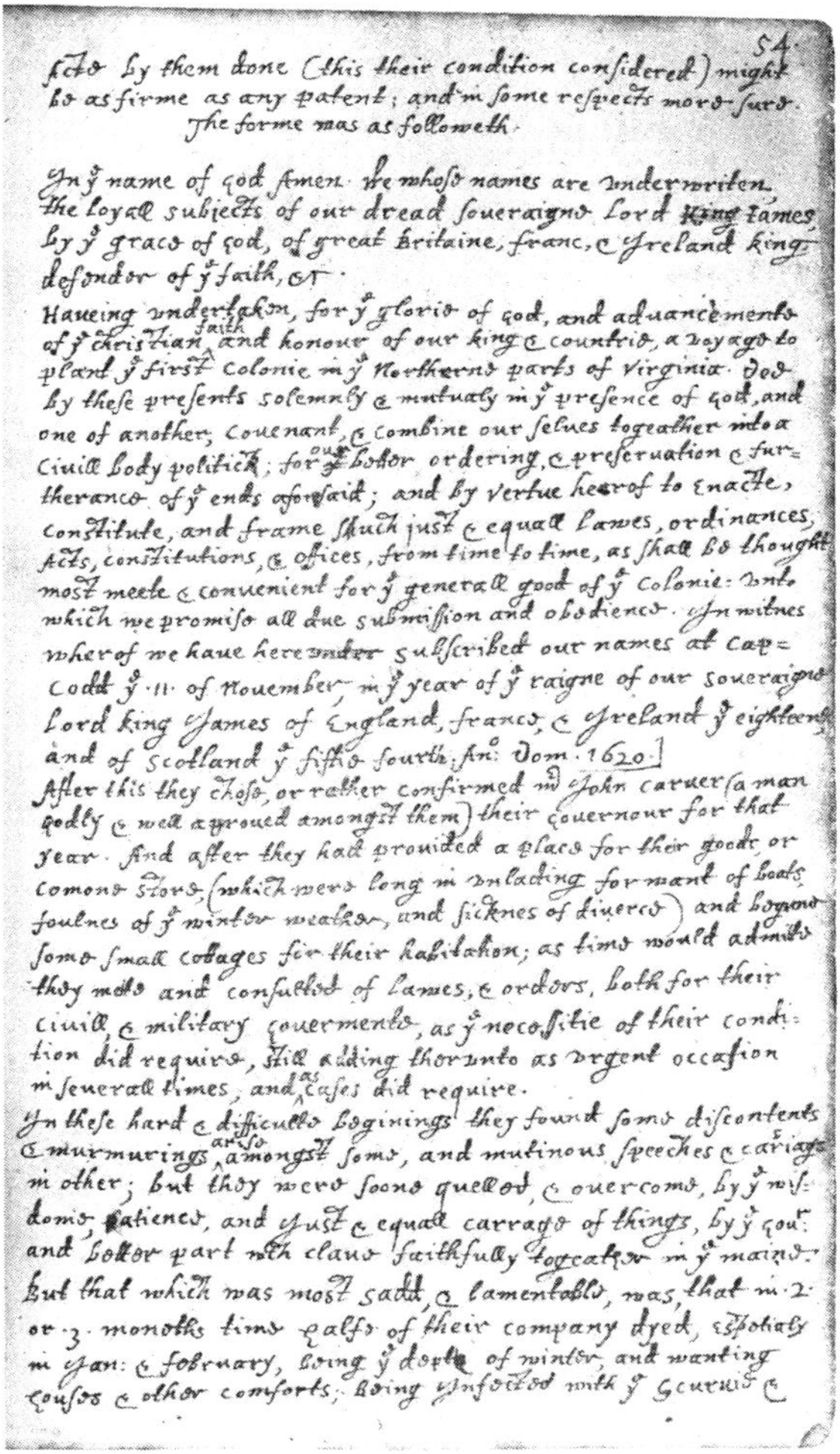

54.
fecte by them done (this their condition considered) might be as firme as any patent; and in some respects more sure.
The forme was as followeth.

In ye name of god Amen. We whose names are underwriten, the loyall subjects of our dread soveraigne Lord King James by ye grace of god, of great Britaine, franc, & Ireland king, defender of ye faith, &c.
Haveing undertaken, for ye glorie of god, and advancemente of ye christian faith and honour of our king & countrie, a voyage to plant ye first Colonie in ye Northerne parts of Virginia. doe by these presents solemnly & mutualy in ye presence of God, and one of another, covenant, & combine our selves togeather into a Civill body politick; for our better ordering, & preservation & furtherance of ye ends aforesaid; and by vertue hearof to enacte, constitute, and frame shuch just & equall lawes, ordinances, Acts, constitutions, & offices, from time to time, as shall be thought most meete & convenient for ye generall good of ye Colonie: unto which we promise all due submission and obedience. In witnes wherof we have hereunder subscribed our names at Cap-Codd ye 11. of November, in ye year of ye raigne of our soveraigne Lord king James of England, france, & Ireland ye eighteenth and of Scotland ye fiftie fourth. Ano: Dom. 1620.

After this they chose, or rather confirmed mr John Carver (a man godly & well approved amongst them) their Governour for that year. And after they had provided a place for their goods, or comone store, (which were long in unlading for want of boats, foulnes of ye winter weather, and sicknes of diverce) and begune some small cottages for their habitation; as time would admite they mette and consulted of lawes, & orders, both for their civill, & military Govermente, as ye necessitie of their condition did require, still adding therunto as urgent occasion in severall times, and as cases did require.

In these hard & difficulte beginings they found some discontents & murmurings arise amongst some, and mutinous speeches & carriags in other; but they were soone quelled, & overcome, by ye wisdome, patience, and just & equall carrage of things, by ye Govr and better part wch clave faithfully togeather in ye maine.

But that which was most sadd, & lamentable, was, that in 2. or 3. moneths time halfe of their company dyed, espetialy in Jan: & February, being ye depth of winter, and wanting houses & other comforts; being infected with ye Scurvie &

メイフラワー契約

労働者みたいな人びとも乗り込んでいました。予定の場所に上陸すれば、そこは国王の植民地で、法律も社会秩序もあるはずだったのが、そこを外れた、無法地帯に上陸することになった。法秩序をつくらなければならない。そこで、ピューリタンもそうでない人びとも含めて、メイフラワー契約を結んだ。契約によって社会をつくるという、社会契約説を地でいくようなやり方になりました。こうして、アメリカの雛形ができたのです、偶然からね。

大澤　そうですね。ピューリタンに混じってピューリタンではない人もけっこういたようです。どうやら、ヴァージニア植民地で働く予定の人びとが一緒に乗り合わせていた、という事情もあったらしいです。いずれにせよ、特許状のない所に行ってしまったので、この人たちも含めてひとつの秩序を維持するために契約ということになった。この流れはキリスト教とか宗教改革とはまったく無関係に起きたと考えるべきなのか、それともこの部分にも既にキリスト教的・宗教改革的な精神が効いていると考えるべきなのか。

橋爪　それは、旧約聖書をみながよく読んでいた、ということが大前提ですね。

旧約聖書をよく読むと、神と人間の関係は契約だということがわかります。

旧約聖書の中には、たくさんの契約が出てきます。最初は、ノアの契約。これは、神とノアとの契約です。それから大事なのが、モーセの律法。これも、モーセに率いられるイスラエルの民と、神との契約ですね。

人間と人間の契約では、大事なのが、ダビデの契約です。

イスラエル王国の初代国王にサウルが立ったんですけど、契約がはっきりしなかった。戦争していたけれど、みなあまり協力的でなく、戦死しちゃったんですね。つぎのダビデ王は、ユダ族の出身なんですけど、ユダ族以外の部族の族長たちと、統治契約を結んでいます。契約によって立った正統な王なんですよ。なんでそんな契約が必要だったかというと、部族社会だったからです。とにかくそれで、イスラエルの黄金時代をつくりだした。

大事なときに契約を結ぶという考え方は、旧約聖書の基本です。それを、ヨーロッパの人びとは忘れてしまっていた。契約なしに、いつの間にかできた身分秩序に従っていた。

身分とか何だとかは、聖書に書いてないわけです。神が大事、聖書に書いてあることが大事。そうすると、まったくゼロから社会をつくるときには、聖書の真似をするのが正しいことになる。それでピューリタンたちは、どうしても契約を結ばなければ、と思ったのです。ホッブズ（一五八八〜一六七九）やルソー（一七一二〜一七七八）を読んだから、そう思ったのではない。

大澤　たまたまホッブズやロック（一六三二〜一七〇四）、ルソーは少し後にはなりますが、社会契約の考え方が思想の中にも出てくる時代ではあります。いずれにせよ、ピューリタンの実践は、それらに先んじていますね。

ヨーロッパではもはや気がついたら社会があって国があって、どういうわけか王がいて、という状態ですから、「いつ俺たちはあいつを王様になんて認めたっけ?」みたいなことになっているわけですけれど、アメリカの場合はゼロからつくりましたから、それが後々アメリカ人たちの自慢の種にもなるわけです。

プリマス植民地は例外か

橋爪　ついでに言うと、イギリスはお金がなかったのではないか。

資金が豊富なら、国王が費用を出して、植民地を直営すればよい。実際、スペインとかはこのやり方です。新大陸も、王国の延長なんですね。イギリスはお金がなかったか知らないが、特許状(チャーター)なるものを与える。特許状を貰った誰かが、自己負担で船を仕立て、植民地を建設する。しばしばこれが、会社なのです。会社が社会、社会が国家と重なる。日本人の感じだと、国家があって、社会があって、会社があるんだけれど、順序が逆なんです。会社があって、社会と国家ができる、という順番。

さて、会社とは、お金を出す人と、そのお金で会社を経営する人との、契約なんです。株式会社がそうでしょう。ヴァージニア植民地もはじめは、会社が建設した。

これが念頭にあるから、特許状のない場所に上陸したらまずい。ピューリタンだからそう思ったのだけれど、同時に、イギリス人だからそう思ったのではないだろうか。

大澤　結局、特許状のない所につくっているわけじゃないですか。だったら最初から特許状にこだわらなければいいじゃん、みたいに今から考えると思えてしまうのですが、逆に言うと、けっこうこだわっている、国王の特許状があるということに。だからそれがないのは大変だということになって、それに代わる権威が必要だということになる。そこで、彼らが直感に導かれて実行したのが社会契約。もちろんホッブズやロックの本が出版される前のことだから、彼らの本の影響はない。

とはいえ、思想のレベルの社会契約とアメリカの初期植民者たちの社会契約は、おおむね同時代のことですから、無意識の時代精神としてそういうものが出てくる土壌がヨーロッパにあったんじゃないかとも思えます。ヨーロッパの文化と精神が社会契約という形態を欲していた感じがしますね。その実践ヴァージョンがアメリカで起きた。ジョン・ロックは、『統治二論』の第二論文で、「原初、世界全体はアメリカだった」と書いています。社会契約の初期設定をアメリカに見ているわけですね。いろいろな偶然が重なっているわけですが、とにかくアメリカという国ができあがるスタートのところまで来ました。

3　教会と政府の関係はどうなっているか

非分離派vs分離派

橋爪　さて、契約があって社会ができれば、政府ができるか。そんなに簡単ではない。もうひとつそこに、教会という変数が入ってくるのです。

英国国王の特許状にもとづく植民地や、特に国王直轄の植民地では、英国国教会が特別扱いされます。ほかの教会は存在しないか、存在しても、国教会と対等ではない。

さて、カルヴァン派ピューリタンと英国国教会の関係は、微妙でした。国教会の中にも、おおぜいのカルヴァン派の人びとがいる。カルヴァン派の信仰をもち、国教会のメンバーでもある人びとを、「非分離派」といいます。いっぽう、信仰を貫くために国教会を離れた人びとを、「分離派」といいます。両方いるんです。

英国国教会のメンバーは、イエス・キリストに忠実で、神に忠実であるのと同時に、国王にも忠実なのです。では神と国王は、どういう関係なのか。悩ましい問題ですが、なるべく平たく言ってみましょう。英国国王になぜ忠実でなければならないのか。英国国王は正統な君主である。そして、正しい信仰の守護者である。最後の審判の日まで、人びとの地上の生活に責任をもっている。よって人びとは、最後の審判の日まで、英国国王に忠実である義務がある。それは、イエス・キリストの意思である。——こういう感じなのですね。

大澤　元を正せば、西ヨーロッパの特徴は宗教的な権威と世俗の権力を分離したところにあるわけですよね。正教会やイスラム帝国では、両者は一体化していたわけですから。しかし、この段階、つまりアメリカの初期植民地ということですが、ここで見ると、キリスト教と国王とが妙に接近し、国王がキリスト教に匹敵する拘束力をもって現れ、宗教的な権威にも似たものも帯びている。つまり、王のような世俗の権力は、西ヨーロッパでは宗教的権威と一体化していないわけだから、宗教的に純粋なピューリタンにとってはどちらでもよいものになるかと言えば、そうはならない。

このあたりのこんがらがった関係を考える上で最大の示唆を与えてくれるのは、カントーロヴィチの『王の二つの身体』だと思います。この本は、ヨーロッパの王権で、王は自然的身体と政治的身体の二つをもつ、という政治神学が形成され、それによって支配が正統化されているということをていねいに実証したものです。アメリカの植民地のことはほとんど書いてありませんが、たとえばピューリタン革命については興味深い指摘をしています。この革命は、王を処刑し、共和制を実現した市民革命として知られていますが、それなのに、カントーロヴィチによると、ピューリタンたちは「王のために」という趣旨のスローガンを掲げていた。王を殺しておいて、王のためとはどういうことかと言うと、政治的身体の名のもとに自然的身体をやっつけているわけです。だから、この革命で、ピューリタンにとって、王は強い忠誠の対象であると同時に敵でもあるんですね。私は、大きく見ると、ピューリタンたちがアメリカに初期の共同体を形成し、やがてはイギリスから独立する、という過程でも、似たような論理、つまりイギリス国王に対する両義的な態度が利いていたのではないか、と考えています。

カントーロヴィチのこの本は、あまりにも厳密に細かく論じてあるし、深入りするとこの対談の趣旨から外れてしまうので、この後、考える上でヒントになりそうな骨格の論理だけ言っておくと、結局、こういうことだと思うのです。政治的身体／自然的身体という二重性は、もちろん、神にして人であるというキリストの応用です。ということは、結局、西ヨーロッパの王権の政治神学はキリスト教の影響でできあがった、ということにはなるわけですが、おもしろいのはその影響において働いている原理です。カントーロヴィチは、西ヨーロッパでは、世俗の権力が、キリスト教の権威からかなりの程度独立したがゆえに、逆に、徹底的に影響を受けた、ということを実証しているように思うのです。どういうことかと言うと、たとえば正教会のように、世俗の皇帝がそのまま宗教的権威を兼ねてしまうと、皇帝は、どんなにがんばっても、神やキリストの下に置かれるわけです。ところが、西ヨーロッパでは、世俗の支配者が、教会からの独立度が高かったがゆえに、逆に、教会を支えていたキリスト的な論理を、教会の助けを借りることなく自らの上に再現することができたわけです。この論理は、アメリカを考える上でもヒントになるように思います。

先走りすぎました。話をもとにもどしましょう。とにかく、英国国教会というのは、橋爪さんがおっしゃったように、プロテスタントと言えるか微妙なくらい、教義の上では無内容なんですよね。たとえばルター派だとか改革派だとか再洗礼派だとか、そういう人たちははっきりとした教義上の理屈がある。しかし英国国教会は国王の離婚問題から始まっているということもあって、宗教的な内発的動機が乏しいので、教義も適当に借りてきて使っている。こいつらほんとうに宗教的に真面目なの？と言いたくなるところがあるじゃないですか。ところが彼らの足元で、プロテスタントとしてある意味ではもっともラディカルな連中が出てきて、アメリカまで行ってしまうほどだった。英国国教会は、自分の無内容な教義を埋めるだけだったらもうちょっと緩いものを使っておけばよかったのに、カルヴァン派のような、プロテスタントの中でもとりわけ土台が強固なものを使っているんですよね。だから英国国教会の基本的ないいかげんさと、彼らの足元で起きている妙に宗教的な生真面目さの間に、奇妙な不整合さを感じるのです。

橋爪　このややこしさは、プロテスタントならではのものですね。

カトリックだったら、政治権力を超越した、唯一の教会があって、それは自明だから、こうした問題は一切出てこない。でもプロテスタントには、英国国教会もあれば、ルター派もあれば、カルヴァン派もあれば、いろんな教会があるという状態になってしまいましたから、今みたいな問題を考えなくてはいけなくなってしまったんですね。

政教非分離が当たり前だった

橋爪　教会と政府の関係をもうちょっとだけ考えましょう。

日本人は、キリスト教なら、「政教分離」は当たり前じゃないの、と思うかもしれません。でも、そうなったのは、つい最近です。教会と政府の関係は、そんなに簡単なものじゃない。

「公定教会（established church）」というやり方があって、政府が教会税を集めたり、牧師の給与を払ったりする。昔の話ではありません。ドイツでは今でもルター派が公定教会になっていて、ルター派の牧師は公務員のようなものです。なんのことはない、国家神道のようです。

アメリカでもこの方式が残っていて、あちこちの町が特定の教会に税金を投入していました。ただし連邦政府は、憲法の定めで、特定の教会と関係をもちません。ハーバード大学はじめカルヴァン派、途中でユニタリアンになったのですが、ハーバード大学のあるケンブリッジ市はユニタリアン教会を公定教会にして、税金を支出していました。教会の建物をミーティングハウスといって、市の会合や大学の行事もそこでやりました。ほかの教会は当然不満で、一〇〇年ほど前に公定教会はやめになりました。

イギリスでは国教会が、こういう立場です。国王直轄の植民地は、集めた税金を、国教会に注ぎ込んでしまいます。カルヴァン派やクエーカーなどほかの宗派の信徒は、国教会の分も税金を払わされて面白くありません。

大澤　それは、そうでしょうね。

橋爪　プリマス植民地は、総督のもと、総会が政治を行ないました。カルヴァン派の、会衆派のやり方です。ただし総会のメンバーシップ（フリーマン）は、教会員に限っていませんでした。この点では、神聖政治と言えません。

いっぽう、近くのボストンにはマサチューセッツ湾植民地ができ、やがてプリマスより大きくなります。この植民地は、特許状に従って、会社のように運営されました。指導者は、カルヴァン派の非分離派で、英国国教会として活動しました。

プリマス植民地は、やがて、マサチューセッツ湾植民地に吸収されてしまいます。

4　教会にもいろいろある

長老派と会衆派

橋爪　アメリカの教会の、組織のあり方に注目してみると、大きくわけて、ふた通りあります。

ひとつは、長老派（プレスビテリアン）のようなあり方。教会の組織を、牧師と平信徒の代表である長老とが、共同で運営します。全体（大会）があって、地区（中会）があって、地域（小会）があって、教会がある。牧師が、上部から派遣されて来る。末端の教会は、人事でも予算でも、礼拝のやり方も、活動方針も、上部の指示に依存する。ピラミッド組織で、仏教の本寺／末寺みたいです。日本人のイメージする教会は、こんなかもしれない。カルヴァン派で、スコットランドで主流となり、アメリカにも広がりました。

もうひとつは、会衆派（コングリゲーショナル）のようなあり方。会衆派も、カルヴァン派で、国教会を離れた分離派の流れを汲みます。今ではどちらかと言えば少数派ですが、かつては、アメリカの植民地でパワフルな主流派でした。会衆派は、上部団体や本部の権威を一切認めず、末端の教会それぞれの会衆の、自治をもっとも重視します。予算や人事

（牧師の選任や役員の選挙）、礼拝のやり方から、教義まで、自分たちで決めるのです。そうすると、教会と教会の繋がりは、ゆるやかな連絡協議会、みたいになります。

組織原理から言うと、直接民主制なんですね。会衆から集めたお金の使途をきちんと会計報告し、牧師の選任も会衆が委員会をつくって自分たちで行ないます。アメリカ合衆国ができる前に、選挙のこういった伝統が深く根づいていたことが、アメリカ社会の骨格をかたちづくります。

大澤　なるほど。アメリカの民主主義を考える上で、会衆派の伝統が参考になりそうですね。

橋爪　民主主義も、資本主義もこの、会衆派の教会組織の原則から出ている、と理解できます。株主総会なんて、会衆派の教会の集まりそっくりです。

ちなみに、自分たちがどういう信仰をもつのか、教義も自分たちで決めてしまうのですね。そこでしばしば起こるのは、教会の看板の掛け替えです。今までカルヴァン派だったけれど、ユニタリアンになると決めて、変わってしまう教会が現にある。

大澤　ケンブリッジ市が、そうでしたものね。

橋爪　会衆派ではないが、クエーカーが、別の宗派になったりもします。近くにあって仲のよい教会が、宗派を超えて、合体したりする例もあります。会衆のあいだで意見が対立して、別々の教会に分裂するのは、もっとよくあるケースです。

こういうのをみていると、離合集散を繰り返している、政党みたいだなあ。M&Aを繰り返している、株式会社みたいだなあ、と思いますね。会衆と言っても、個々人の自主性がまずあって、便宜上、団体になっているだけですから。個人と団体のズレをいつも意識していています。だから、こういうドライな割り切り方になるのです。

メソジスト

橋爪　アメリカで大きく発展した宗派に、あと、メソジストがあります。

メソジストはもともと、英国国教会の中のグループで、そこから分派しました。ジョン・ウェスレーという人物が、国教会の堕落した現状を歎いた。信仰を立て直さなければならない。それにはどうしたらよいか。メソッドが必要だ。

メソッドとは、生活の規律みたいなものです。早起き、勤勉、日課。タイムスケジュールどおりに一日を過ごす。そして、酒を飲まない。食べ過ぎない、自堕落に生活しない。正しい信仰と霊的生活をサポートするよう、肉体も規律訓練するという考え方ですね。そして、まじめな信仰生活と、隣人愛の実践に、邁進する。

アメリカでひところ盛んだった禁酒運動も、メソジストが中核的な担い手でした。

メソジストから、救世軍（サルベーション・アーミー）も出てきました。神の意思を地上で実践するのが、人間の務めです。それは隣人愛です。隣人愛を効果的に実践するためには、組織を効率化し、専従者も必要だ。そこで、専従者の組織をつくるんですけど、これが軍隊組織なのです。軍隊式にテキパキとフルタイムで働くから、人数のわりにとても効率がいい。教会から分離して、いちおう別組織になっています。日本では年末に、「社会鍋」というのをやっている。

メソジストは、新興勢力ですが、教会の敷居が低いので、アメリカで急拡大します。あとでのべる、「大覚醒」の中核になります。

大澤　ああ、そうでしたね。

橋爪　メソジストから、ホーリネス。そこからまたペンテコスタル、という大きなグループが近年、派生しています。霊のはたらきを重視する宗派です。

バプテスト

橋爪　もうひとつ、アメリカを特徴づける宗派は、バプテストです。

宗教改革のとき、ドイツに再洗礼派が現れて、弾圧されました。一部はよそに逃れました。イギリスで、その流れを汲むのか、バプテストというグループが生まれ、それがアメリカで大発展します。
　バプテストは、信仰に目覚めて、正しい洗礼を受けることを重視します。「正しい洗礼」は、生まれ変わりの儀式で、ザブンと水に飛び込みます。これを浸礼といいますが、ほかの宗派は滴礼（水滴を頭にかける）が多いのですね。バプテストは、彼らのやり方がイエスの時代から今に伝わった正しい洗礼だと考えるので、他宗派の洗礼を洗礼と認めません。

大澤　冬は冷たそうです。温かくしておかないんですか。

橋爪　本人は緊張しているから、風邪はひかないらしいですね。
　バプテストは、いくつものグループに分かれていますが、人数が多い。アメリカで最大の宗派です。

クエーカー

橋爪　クエーカーというグループもあります。人数はいまあまり多くありませんが、とてもアメリカらしい宗派です。
　クエーカーは、「内なる光」（インナー・ライト）を重視します。神と交流すると、霊のはたらきによって、そのひとの内面が照らされる。一人ひとりが神とそのようにつながることを重視するので、グループの組織の仕方も変わっています。まず、洗礼がない。聖職者もいない。礼拝は、式次第がなく、四角く並べた椅子に一時間ほどじっと座って、誰かが霊感を受けて話し出すのを待ちます。誰も話さないこともありますが、一時間すると解散します。これがキリスト教会かなあと思いますが、実際、さまざまな考え方のひとがいます。生活は質素で、勤勉で、平等と平和を重んじます。公務員や軍人にはならないので、良心的兵役拒否が認められています。

クエーカーは、霊を受けて震える人びと、という意味のあだ名です。自分では自分たちをフレンドといいます。

クエーカーは一七世紀にイングランドで始まり、ニューイングランドに伝わりました。クエーカーはカルヴァン派に忌み嫌われ、迫害されました。耐えかねたクエーカーは信教の自由を求めて、ウィリアム・ペンに率いられ、ペンシルヴァニアに移動し、フィラデルフィアという町をつくりました。

ペンシルヴァニアは、宗教的寛容を掲げたので、クエーカー以外にも、アーミッシュとかメノナイト（メノー派）とかいった宗派の人びとが集まりました。

ほんとうに信じる

大澤　日本人にとって、知識としてはわかるのですが、肝のところを腑に落とすのがけっこう難しいところですね。

アメリカを理解するときの第一次近似として言えば、もちろんアメリカにはいろんな人がいるわけですけど、アメリカ的なるものを理解するときには思いきって、「文字どおりキリスト教を信じている人たち」と理解することが重要だと思うんです。たとえば私たちがお葬式に行って「ご冥福をお祈りいたします」とか「あの世でもお幸せに暮らしてほしいです」とか何とか言いますが、たいてい、ほんとうにその人が天国に行って幸せに暮らしていると思っているわけじゃなくて、一種の比喩であったり、生きている人の慰めとしてだけ言っているわけじゃないですか。そんな中でほんとうにそう思っている人が何人かいると、「君はほんとうにそう思ってるわけ?!」とびっくりすることがある。アメリカという国はそういうふうに見てみるといいんですよ。

この時代に、私たちはキリスト教的なるものが活きていることは知っているけど、聖書に書いてあることとか、復活とかを話半分で聞いているところがあるわけです。ところがアメリカ人はある意味で本気に信じているんですよね。それは福音派とか特定の宗派の人たちだけを指しているんじゃなくて、アメリカ人の一般が、生活信条としてそうなっている気がしますよね。

雑談めきますが、経済学者の岩井克人さんに昔聞いた話です。岩井さんはアメリカに留学していた頃、一時、全米でもっとも期待される若手経済学者と見なされていた時期があるんですよね。本人はただ無我夢中にやっていただけなんだけど、もちろん努力と才能のおかげで、すごく成功していた。ところがあるとき、「お前はアウトだ」みたいなことを言われたそうです。「後のノーベル賞かと思われていたのに脱落したね」と。そのきっかけは、書いた論文がいけないというわけです。では変なこと、間違ったことを書いたかというとそうではなくて、マルクスを引用したのがいけなかったという。岩井さんはもともと日本で教育を受けていますから、マルクスがひじょうに重要なこともわかっているし、ちょっと衒学《げんがく》趣味もあって論文にマルクスなんかを引用したら、アメリカの経済学者からはアウトだとされた。

その理由を考えてみるに、要はマルクスはあからさまな無神論者だからということだと思うんですね。つまりトンデモ本を引用したみたいになってしまった。たいていの経済学者たちは、福音派みたいに信じているわけじゃないし、進化論だって信じているに違いないんだけど、どこかではっきりと、露骨な無神論なんてとんでもないと思っている。こういうことがあると、「やっぱりキリスト教をほんとうに信じてるんだ……」となるんですよね。だから私たちはアメリカを考えるときに「本気で信じている人たち」と、もちろん極端なんだけど、いったんそれくらいの思いで見ていって初めてアメリカが見えてくるという感じがするんです。いま橋爪さんが話されたクエーカーをめぐる争いなどを聞いていてもすごくそう思います。

会衆派が重要

大澤　話が戻りますが、普通に考えると、会衆派というのはいちばん民主的で、原理としてはそれがいちばん純粋な感じがしますよね。直接民主主義で、自分たちで話し合っていろんなことを決めて、外的な権威は認めないというやり方ですから。

ただそれ以前に監督教会や公定教会があったりしたことをまず押さえておく必要があるということですね。ヨーロッパでプロテスタントが出てきて、信仰の自由といったって最初は領主の信仰の自由ですから、公定宗教みたいになる。「ここはルター派です」となれば、そこに住んでいる人は皆ルター派になって、税金を納めればルター派にとって有利になるように使われる。すると別の宗派にコミットしている人からすると、それは不純じゃないの？ということになり、公定教会的なものから離脱するという筋です。

が、日本人の常識として思い描いている政教分離は、これとは方向性が逆なのです。たとえば、国家神道があって、税金が神道に使われているということになれば、「それはとんでもない、政教分離にすべきだ」というとき、日本人は、宗教性一般からの分離を考え、政教分離は、宗教一般への批判――と言ったら言い過ぎですが宗教の全般的な相対化を含んでいる、と考えている。しかし、ヨーロッパやアメリカで、とりわけプロテスタンティズムが優勢なところで、政教分離というのは、政から教が分離することで教がより純粋になるという論理構造なのです。ここを押さえておく必要がある。日本人にはなかなかピンとこないところです。

公定教会から離れると聞けば、「宗教的に比較的自由な人たちもいたんですね」みたいに思ってしまいますが、まったく逆で、あまりにも信仰がきっちりしているから公定教会が成り立たなくなるということですね。いったんは公定教会が成立するくらいの強い宗教性があり、それがさらに強くなると公定教会を自己否定していくという流れです。

このように、アメリカを考えるときに、日本人が常識的に理解して見えるものと、実際に起きていることが、ちょうど真逆になりやすいということを強調しておきたいと思います。

橋爪　そのとおりです。

信仰と政府がぶつかる

橋爪　信仰について本気だと、教会と政府の関係が、ときに緊張します。たとえば、良心的兵役拒否。クエーカーは徹底して非暴力だから、体を張って、命をかけて、暴力には関わらないという態度を貫く。アメリカの人びとは、政府が特定の信仰を認めないのはまずい、と考えるので、結局、良心的兵役拒否の権利が認められた。兵役のかわりに、福祉施設で何年か働くなど、それなりに厳しい業務を課す。

エホバの証人も、非暴力で、兵役を拒否します。良心的兵役拒否の制度がない国（たとえば、韓国）では、処罰されます。

大澤　なるほど。

橋爪　兵役だけでなく、公務員になることを拒む宗派もあります。でも、たいていの宗派は、税金は払います。税金を払うと、軍事費にも使われるわけなので、一貫しないようにも思える。でも、税金も払わないと、まったくの反社会的集団ということになって、政府と絶縁して孤立したコミュニティをつくらなければならなくなる。するとかえって、警察や軍隊のような役割を、自分で果たさなければならない破目になるのですね。

セブンスデー・アドベンチストという宗派も、良心的兵役拒否が認められています。

最近公開された『ハクソー・リッジ』（二〇一六年、アメリカ、メル・ギブソン監督）という映画は、非暴力の信仰から銃をもたず衛生兵として戦場に向かった、セブンスデー・アドベンチストの青年が、瀕死の負傷兵を何十人も救った英雄的行為を描いていて参考になります。

ちなみに細かい話ですけど、セブンスデー・アドベンチストはベジタリアンなんですよ。で、栄養が偏るでしょう。そこでアドベンチストのケロッグ博士がシリアルを開発して、コーンフレークスとして売り出した。

大澤　それ、聞いたことがあります。

真理から法律へ

大澤　少し話が戻りますが、もともと公定教会みたいなものがあり、やがて任意集団みたいなものになっていき、たとえばクエーカーとカルヴァン派の厳しい確執ののち、クエーカーは独立してフィラデルフィアに行って今度は宗教的寛容の組織をつくる……というような流れの中で、肝に銘じて理解しておかなくてはいけない点があると思います。それはこういうことです。これは信仰なので、単にいろいろな趣味の人がいるということではないんですよね。つまり、「僕は肉が好きだから、給食に肉が出ないのは気に食わない」というような話ではない。あなたの趣味は何かではなく、何が真理かということが争われている。このことが重要だと思うんです。

本来、真理というのは普遍的で、ひとつなんですよね。もしカトリックが真理であれば、全部をカトリックで覆って何が悪いということになるわけです。ところがその真理が何であるかの見解が分かれてしまって、もうそれ以上根拠を問えないということになってくるので、深い、まったく妥協の余地のない争いが出てきうる。だからこそ、宗教的寛容が必要になる。つまり、本来は真理はひとつしかないがゆえに、それぞれの真理を認めざるをえないという逆説が生まれている。

ほとんどの人がルター派であればルター派の教会のために税金を集めても問題はないわけですが、「その地域に住んでいる人が同じことを真理だと思ってるわけじゃないので……」という事態が生まれ、政教分離などの問題も出てくる。

先ほどのクエーカーとカルヴァン派の間の厳しい戦いにしても、カルヴァン派から見れば真理を認められない奴らが侵入してくるんだったら殺すのは当たり前。殺されるほうも殺されるのがわかっているけど、自分たちの真理なんだから死を恐れずにいくのが当たり前。そういう戦いになっているわけです。戦いはこれほど過酷であるがゆえに、クエーカーは出て行くほかなくなり、結局、フィラデルフィアをつくる。自分も相手も唯一の普遍的真理を信じるがゆえに、出て行かざるをえなくなったわけですから、フィラデルフィアでその真理を放棄したらもちろん元も子もない。しかし、自分たちは迫害されてひどい目にあったのだから、誰かを迫害したくもない。となれば、さまざまな真理を信ずる者の共存という構造を許容しなくてはならない。

ここを日本人は、「それぞれの趣味があるんだから、趣味の押しつけはよくない」みたいな水準で考えてしまうんですよね。「俺はカレーが好きだ。お前はラーメンが好きだ。だったらそれぞれ食べられるようにすればいいじゃん」、と。でもそれが真理であれば本来は押しつけなければいけないわけですよ。「俺はこの真理を信じている、お前はそっちの真理で好きなようにやっていけ」というのなら、ほんとうはその真理を信じていない証拠になってしまう。それにもかかわらず、宗教的寛容を認めなくてはならない。だから、ここには、二律背反に近いものすごい緊張があるわけです。他なる真理を認めてはならず、かつ認めなくてはならない、というような。

橋爪　とても大事な点ですね。

本人にとっては信仰であるものを、第三者から見ると、良心というんです。

良心とは、周囲が尊重すべきものであって、世俗化されている。内から見ると神聖なものが、外から見ると世俗のものになっている。良心と良心が、対等なものとして存在するのが、世俗社会です。そこで支配するのは、真理ではなくて、法律になる。法律が人と人を隔て、紛争や殺し合いを防いでいる。

だから、世俗の社会にあっては、法律に従わないといけない。

ただし、法律の内側には、唯一の真理（信仰）という、ひじょうに厳しい空間があることを、よく理解しなければいけない。

信仰は選択できない

橋爪　信仰は、なぜ趣味の問題ではないのか。それは、信仰は、選べないからです。

日本人は「宗教の自由」と聞くと、「そうか、信仰は個人の問題で、自由に選んでいいんだ」と解釈します。でも、キリスト教の考え方はそうではなくて、信仰は神の恵み。与えられるものなのです。自分で選んでいるうちは、信仰とは言えない。

そうだとすると、クエーカーの信仰をもっている、カルヴァン派の信仰をもっている、バプテストの信仰をもっている、のは、自分にはどうしようもないことなんです。自分にはどうしようもないそうした信仰を、神に与えられている、と理解するのが正しい。自分にもどうしようもないことで、しかも明らかに真理である。そういう感覚がないといけない。

これは日本人の、仏教の宗旨の、「うちは浄土真宗です」というのとまったく違っています。宗旨も、どうしようもないことだけれど、昔からそうだっただけで、真理へのコミットメントではないのですね。その類推で理解してしまうと、キリスト教はわからない。

イスラム教だってわからない。

大澤　信じている人は、「いろいろ考えて、これがいちばん都合がいいから信じているんです」ということではない。自分がそれを信じている理由がないからこそ信じているので、信じているほうとしてはうまく説明できない。そしてこの事情は、信じるということがどういうことなのかピンとこない人にはもっとわからない。

橋爪　アメリカ人を見ていて、「なぜアメリカ的価値観を、世界中に押しつけるの？」というのが、日本人の陥りやすい発想のパターンです。

大澤　そう見える根幹がここにある。

橋爪　そうです。アメリカ人の側に立てば、実は、押しつけてはいないんです。

5 大覚醒運動とは何だったのか

州ごとに教会が異なる

橋爪 植民地があちこちにでき、それがやがて、独立一三州になります。で、それぞれの州ごとに特色がある。その特色は、それぞれの植民地が成立した経緯によりますが、とりわけ教会による色分けが重要です。

たとえば、マサチューセッツ州は、会衆派、カルヴァン派の色彩がとても強い。

大澤 そうでしたね。

橋爪 ここから追い出された人びとがいろいろいますが、たとえば、すぐ南にあるロードアイランド。ここは、プロビデンスという町が中心なんですが、宗教的寛容を掲げています。マサチューセッツに対する、アンチテーゼですね。それから、コネチカット、ニューヨーク、ペンシルヴァニア、ヴァージニア、ノースカロライナ、サウスカロライナ……それぞれの州にそれぞれの宗教的色彩がある。それらが連合しているのが、アメリカ合衆国だということを、頭の片隅に入れておいていただきたい。

不信仰な人びとの群れ

橋爪　さて、アメリカ植民地が、だんだん政治的に成熟していくプロセスで見逃せないのが、大覚醒（グレート・アウェイクニング）の運動です。

覚醒とは、神からの霊感に打たれて信仰に目覚める、ということです。アメリカの成立にとても重要なものだが、日本人にはとても理解しにくい。

この運動を理解する前提として、まず大事なこと。熱心なキリスト教の信者は、アメリカ植民地にはもともと、とっても少なかった！

アメリカは移民の国ですが、ピルグリム・ファーザーズは別として、後から来た移民は生活のため、ヨーロッパから世俗的な動機で移住してくる人が大部分になってしまった。

正規の教会員はとても少なかった。統計にもよるけれど、五パーセント、一〇パーセントというレベルだったらしい。大部分の人びとは、日々の生活に明け暮れ、飲んだくれたりなんかしながら、新天地で、何の権威も伝統もないまま生きている。

代替わりの問題

橋爪　その信仰をもたない市民と、信仰をもっている市民との関係を考えたいのです。

マサチューセッツ州で起きたことを言うと、ピューリタンたちの代替わりという問題が起きた。マサチューセッツ州では、信仰をもって洗礼を受け教会のメンバーであると、正規の市民と認められ、そうでないと、二流の市民か寄留者という扱いだった。さて、子どもが生まれる。子どもは来たくて新世界に来たのではない。親世代の熱烈な信仰なんかもってない場合が多いわけです。でもこんな、ピューリタンの社会に生まれてしまった。親が熱心なピューリタンなので、教会に加わります。洗礼を受けることはできます。カルヴァン派は幼児洗礼があった。洗礼を受けないで幼児のうちに死んでしまうと、確実に救われないと考えられていた。それは大変だから、子どもが生まれたら慌てて洗礼を受けさせるのです。

大澤　幼児死亡率は高かったでしょうからね。

橋爪　はい。でも大人になっても、信仰の実感がまるでない。回心体験がないと、聖餐式にあずかれず、正式な教会員でもないという、中途半端な状態になる。

そうした子ども世代が結婚し、そのまた子ども（孫の世代）が生まれる。孫の世代は、洗礼が受けられない。親の信仰があやふやで、聖餐式にあずかれない、中途半端なメンバーだからです。その孫が洗礼を受けられないで死ぬと、神の国に行ける可能性はゼロになってしまう。これは、大事件なんですね。

そこで「半途契約（Half-Way Covenant）」なるものが考えられた。

ハーフウェイは、中途。コヴナントは、契約という意味ですね。回心体験がなくても、教会の準メンバーとして認めましょう。そうすると、彼らの子ども（第一世代の孫）が洗礼を受けられる。こういう抜け道なのです。

大澤　なるほどね。それにしても外からツッコミを入れると、そこまで無理するか、という感じですよね。信仰の実感がないのなら信じてない、ということでいいではないか、と思うわけですが、やはり信じているのですね。続けてください。

回心への渇望

橋爪　それでも、解決にはならない。「私には回心体験がない、私は神から見放されている、回心体験さえあれば社会のフルメンバーになって、一人前の市民として皆から認められるのに。」こういうフラストレーションが、多くのニューカマーの間に広まっていく。いわば、枯れ草が積み上がった状態です。どこかで火がつくと、一挙にめらめらと燃え上がる。うらやましいので、回心が伝染していくのです。

誰かが霊的体験をして、信仰に目覚めた。神と交流できて、回心した。するとまず、みんな興味をもちます。「どうしてそうなれたんですか。どんな気持ちがしますか。」みたいな。そのうち興奮のあまり、別の誰かが回心を体験する。また、別の誰かが回心を体験する。そうなると、回心のウェーブが起こるわけです。野球場ではウェーブといって、観客の波が伝染していくじゃないですか。ああいう感じで、回心がウェーブになって、社会を包み込んでいくわけです。これが、大覚醒。

大覚醒の特徴。教会の外で起こります。地域社会の全体を包むので、特定の教会と関係がない。牧師さんのコントロール下にあるわけでもない。むしろ、信仰と縁がなかった人びとの、集団的熱狂なのです。キリスト教ではあるのだけれど、カルヴァン派だろうとクエーカーだろうと、何でもいいのです。キリスト教「一般」に感染しているわけ。そして覚醒した人は、手近な教会に行きましょう、と教会が満員になるんだけど、教義に詳しくないから、「イエス・キリストに目覚めました」なのです。クリスチャン「一般」なのです。この結果、もともとばらばらだった教会に、似たようなメンバーが増えていって、似たりよったりの教会になっていく。「アメリカン」「クリスチャン」「プロテスタント一般」というひとができあがっていく。これがアメリカの基盤になるんです。

大覚醒の波

大澤　面白いですね。

最初に大覚醒と言われるものが起こるのは一八世紀の前半ですね。ちょうどピルグリム・ファーザーズから一〇〇年くらいたっていて、おっしゃるように三世代目くらいになっていて、二世代くらいまでは何とかなっていたんだけどこのあたりから問題が起きてくる。そこでリセットというか、最初に入植してきた人たちの宗教的情熱を反復するような動きが出てくる。次の大覚醒がまたやっぱり一〇〇年くらいたった頃、一九世紀の前半にあり、一九世紀の終わりくらいに第三次と、次第にインパクトも小さくなるのかもしれないですが繰り返し起きますね。

考えてみると歴史ってそういうところがあって、ある決定的な出来事があって、その出来事そのものが起きている時代にもちろん変化が起きているんですけど、その出来事に直接立ち合えなかった、遅れをとってしまった人たちが、その遅れの感覚からくる疾《やま》しさのようなものがポテンシャルになって次なる出来事が起こるということがあると思います。具体的に思い浮かんだのは、西ヨーロッパだと一八世紀の終わりにフランス革命があって、これはすごく大きいことですけれど、その後は比較的保守的というか静かな時代が来る。

しかし一九世紀も半ばくらいになると社会主義思想が出てきたり二月革命があったり、また大きな出来事が起こります。マルクスをはじめとする大きな知的なブレークスルーもある。これはフランス革命に対して遅れ感をもっている人たちが大きな鍵を握っていた気がするんですよね。自分たちは何か決定的な出来事のことを、伝達された知識をつうじて、つまり父や祖父の世代の語りをつうじて、知っているんだけど、実際にはそれに立ち合っていないという、そういう世代がすごく大きな力をもつことがある。アメリカの場合も、初期の入植者たちの熱情に対して、自分たちはそれに与っていない。しかしまったく無関係ではない。与っていないことを知っている。そういう感じですね。だから、先ほどの枯草の比喩は絶妙です。まさにマッチ一本を待っている枯草のような状態になっている。覚醒したいんだけど覚醒できないみたいな状態になっているので、ちょっと背中を押してもらえると一気に回心できる。

伝道師の役割

大澤　森本あんりさんの本に書いてありますが（『アメリカ・キリスト教史』新教出版社、二〇〇六年）、第一次覚醒運動のときの火付け役がホイットフィールドという国教会の牧師です。この人は説教が上手なんだけど、内容のあることをほとんど言ってない。これは話半分に受け取ったほうがよいエピソードですが、あるとき彼が「メソポタミア、メソポタミア、メソポタミア……」と、少し語調を変えながら繰り返すうちに皆がどんどん感動していってすごいウェーブになっちゃったというのです。何とか回心したいというポテンシャルがここまで高まっていた。でも、それはある種の反復ですね。最初の入植者たちの、いちばん素朴で強い宗教的なモチーフの反復。

それから、橋爪さんがおっしゃったとおり、専門の聖職者たちが、覚醒しているわけではないということが重要だと思います。偉い神学者が理論的に説いているわけではなくて、説教者自身も大して宗教的な教養があるわけじゃない。そこがすごくアメリカ的です。元を正してみれば、ピルグリム・ファーザーズたちも、聖職者がいて平信徒がいてというカトリック的な秩序から外れて、すべての人の平等な信仰を目指すところから出てきた人たち。それがだんだんうるさいことになってきて、洗礼はどれが本物だとか、予定説はどうなのかといった話になっていってしまうわけですが、もともとは教義以前の、誰でももつような体験に信仰のベースがあるわけでしょう。それが大覚醒運動でもう一度、信仰のもっている本来の平等主義的ポテンシャルが発揮されたという感じがします。教科書的に言えば、アメリカ史の中でもっとも重要な出来事、つまり独立であるとか南北戦争といった大きな出来事は、だいたい大覚醒運動の後に来るわけです。

だから、大覚醒とはいわばアメリカができたときの衝動の反復だと考えれば、それが取り返されると次にほんとうに大きなことが起きるという事情も理解できます。

信仰にもとづく社会

橋爪　覚醒の前と後で何が違うのか。日本人にはなかなか理解が難しいが、私流に説明するとこんな感じです。

この世界は、神に支配されているのだと、直観すること。これが一神教の信仰の核心、キリスト教の信仰の核心じゃないですか。洗礼だとか教義だとか、細かいところは教会ごと宗派ごとに違うんだけれど、この根底にある直観をもっているか、もっていないか。その、相転移みたいなものだと思うんです。相転移は物理学の比喩ですけれど、たとえば零度の水がある。零度の氷がある。どちらも零度なんだけど、液体と固体である。零度になっているから、水は固体になろうとしているでしょう。でもどうやって固体になっていくかわからない。向こうのほうからだんだん固体になってくると、自分も固体になっちゃった、という、さっきのウェーブの現象みたいなことが起こる。そういう、相転移みたいなものだと思います。

大澤　なるほど、そうですね。

橋爪　信仰をもつ前、世界はどう見えるかというと、偶然です。因果関係は、ふつうに理解できています。でも、因果関係って、全部たどれるかというと、そうはいかない。初期条件があって初めて、因果関係が成立する。初期条件が特定できないと、因果関係の説明で世界を覆い尽くせないわけですよ。その初期条件を、因果関係では説明できない。そこで、世界の本質は偶然に見える。偶然の中に生きている自分も、不条理な存在である。生きている目的も、わからない。

認識の図式自体は、信仰のあるなしで、変わりません。因果関係の部分は因果関係でできている。さてその、偶然の部分。信仰をもつと、偶然が、必然になるんですね。なぜかと言うと、それは神の意思である。「ああ、これは神の意思がこうなっているんだ。ここに山があるのも、ここに花が咲いているのも、誰それさんが私に親切にしてくれたのも、別の誰それさんが私に意地悪したのも、全部神の意思なのだ。」こういうことになると、認識している内容は一ミリも変化がないのに、何かが根本的に違っていて、全部が神の意思になる。偶然が全部、必然になるんです。

だから簡単に、覚醒はできます。覚醒の本質とは、そういうちょっとした認識の相転移だと思います。

神の意思なのか

大澤　おっしゃるとおりだと思いますね。

信仰のない立場から、あえて意地悪なことを言うと、認識の内容の面では、ほんとうに何も変わってないんですよね。覚醒の前と後とでは。「どうして俺たちはここにいるんだろう」「いや、いろいろあってさ、結局よくわからない」というのが覚醒前だとして、覚醒後は、「神のご意思ですよ」となれば、「おっ！　そうだったのか」と思いますよね。しかし、考えてみると、神がなぜそうしたのか、神がどうしてそれを欲したのかはわからないわけだから、結局、最初の疑問への答えにはなっていないのです。マルクス風に言えば、問いの出し方を変えているだけです。ほんとうは「神の意思」の中にそのままそっくり問いが封じ込められているわけですが、問いを神の意思に帰したとたんに、問いがそのまま答えに見えてくる。そういうマジックのようなことを感じることが、覚醒するということでしょうね。「なんでここに山があるの」「神が創ったからだ」って、ほんとうに答えなのか。

ほんとうは答えではないのですが、そう言われたとたんに謎が解けたように感じ、なんで神がつくったのかを知りたいんだということもあるんだけど、そう言われると急に世界が違って見えたぞというのが相転移なんですよね。認識の内容はひとつも増えていない。しかし、認識の基本的な色合いが全部変わるみたいな感じですね。

橋爪　まったく正しいのですが、付け加えるとすれば、「そこに山がある。私がいる」という実在のレベルと、「神がいる」という実在のレベルは、違うレベルなんですね。「神がいたけど、私も山もない」という世界がまずあって、そのあと「神と山と私がいる」という世界になった。神がそう造った。いずれやってくるのは「山がなくなって、神と私がいる」という世界なんです。だから、山とか川とか、目の前の実在性を離れた、メタ実在性として神がいるということは、私がメタ実在性としてこの世界を抜け出してもいい、という特別な感覚なのです。これは、プラスアルファなんですね。覚醒した後に初めて、その感覚が残る。

個人の自覚

橋爪　宗教的に言うとそうなんだけど、社会学的に言うと、これは、「私個人」ということなんです。

山とか川とか、周囲の世俗的な秩序から独立している、私個人が存在しているし、存在すべきだ。キリスト教はこういう、個人主義を生み出す。そういう自覚があるのが近代人なんですけど、そういう人びとを、たくさん生み出すという機能があった。

大澤　なるほど、面白いところですね。

さらに突っ込んで質問してもよろしいですか。たとえば「なんでこんなふうに山があるんだろう」と思って、物理学者か何かが「ビッグバンから始まって、いろいろな物理的な因果関係があって……」ということを説明できたとするじゃないですか。「ビッグバンからの百何十億年からの時間の経過の中で太陽系ができて地球ができて、そこに地層の褶《しゅう》曲《きょく》があって、ここに富士山ができました」と説明されて、「ああ、そういう具合にここに富士山があるんだ」と納得するのと、「神がおつくりになられたんだ」と納得するのでは、どういう違いが出てくると説明すればいいのでしょうか。私のメタ実在性ということと関係あると思うんですけれども。

橋爪　「神の計画」ということですね。

存在には、意図が先行している。私が存在するには、私が存在すべきだし、存在していいという意図があった。このことは、何ものによっても消し去ったり、拭い去ったり、否定したりできないんですね。ジョンがジョンであり、リチャードがリチャードであることには理由があって、どうしようもないんです、ほかの人には。めいめいを神がつくったんだから。

これが、自由と権利の根本になるんです。

ジョンがジョンになったのには理由があって、それは神がそう決めたから。すると、ジョンの生存権が、ジョンにはあるはずだ。世界を認識する能力や理性も、ジョンにそなわっているはずだ。幸福追求権もある。でも、同じ権利や能力が、リチャードやメアリーにもある。ではジョンとリチャードやメアリーの関係は？　これは、ジョンとリチャードとメアリーが相談して、世俗秩序を構成するのでないと、調整できない。そういうふうに考えた人びとは、社会を自覚的に構成しないといけなくなる。
だから、アメリカ合衆国が成立する前に、どうしても大覚醒運動が必要だったのです。

世界理解のメカニズム

大澤　ちょっと引いて心理学的にそのメカニズムを考えてみると、我々が何か理解するときに因果的に理解するというのと理由を理解するというのと二種類あるわけじゃないですか。理由というのは意図とか選択とかに関係づける認識です。おそらく我々がものに納得するときのいちばんの基本は理由に納得するということなんですね。これがここにあることについて物理学的に因果関係をたどって説明することもできるでしょうが、それができたとしても、わかった気分にはなれない。しかし、「今日は橋爪さんが、対談のときにちょうどいいんじゃないかと思ってお菓子を買ってきてくれたんですよ」と言われると、もうそれですごく納得するわけです。だから意図とかそういうものに回収されたときにきっと我々の納得が止まるようにできていて、そういう心理的なメカニズムに関係しているんでしょうね。

その究極のヴァージョンが、この私がここに存在していることの理由に納得したい、ということなのでしょう。私がまさにこの私としてここにいる、ということは、まったくの偶然に感じられる。それに理由が欲しいわけです。神の意思とか神の欲することに相関させることで、私の存在に理由がある、と思えるのでしょう。

それから、偶然と必然の話で重要だと思ったのは、これはカント以降の――デカルトまでさかのぼったほうがいいかもしれないですけど――哲学の基本的なテーマと結びついているということです。たとえばカントが「純粋理性によっては物自体は認識できない」というふうに言うときに、彼が言いたいのは、純粋理性（理論理性あるいは悟性）によっては、先ほどの橋爪さんの言葉を使えば、偶然までしかわからないんだということですよね。だからまず彼は純粋理性の守備範囲はそこまでだと認めた上で、もっと重要な理性というか実践理性の領域というのを考える。カントは信仰を直接もってくるわけにはいかないからはっきり書かないけれど、要は偶然に対して、それは必然だと納得するためのもうひとつ高い人間の行動に関わる理性が実践理性だというわけでしょう。我々が普通に見るとどうしても偶然しか見えない。でもこの偶然だけではどうしても納得がいかない、回収できないみたいな感覚が、近代の認識論と存在論の重要モチーフになっている感じがします。

ついでに言っておくと、現代思想の最近のトレンドで言うと、二〇〇七年くらいから、スペキュレイティブ・リアリズム、思弁的実在論と訳すんですけど、それが流行っていますが、まさに今の問題が再浮上しているんですよ。とくにこの流れのリーダー的な存在、カンタン・メイヤスーの議論は、まさにこのことに取り組んでいる。

まず、我々がどういうふうに認識しても消えない偶然性があります。実践理性は、考えてみると理性の越権行為です。そのことは、実践理性による説明と神の意思に訴える説明とが、等価であるということからもわかります。思弁的実在論というのは簡単に言うと、一種の徹底した無神論ですから、人間の有限性、つまり人間の認識において偶然性は結局解消できない、というところをまずは動かしがたい前提にする。その上で、偶然性こそが究極の実在ではないか、解消できない偶然があるということこそが唯一の必然ではないか、というふうに議論をひっくり返していくのが、メイヤスーの思弁的実在論なんです。これは、実は、偶然性を神にしているのと同じなのですが、これ以上、深入りすると、話が逸れてしまいますのでやめますが、言いたかったことは、近現代哲学の通奏低音のようであると同時に最先端の課題が、アメリカ人の信仰覚醒運動を動機づけたもっともベーシックなモチーフと重なって見える、ということです。哲学の最先端で議論されているような話と、庶民の素朴な信仰運動とが実は同じ問題にぶつかっているというのは面白いと思うんですね。

橋爪　なるほどね。

大覚醒運動と聖霊

橋爪　大覚醒は、プロテスタント独特の現象なのです。

まず、イスラムにこんなものはありえない。イスラムは、日常生活そのものが法に従う活動だから、覚醒なんか必要ないんですね。

キリスト教では、オーソドックス（正教）でもカトリックでも、こういうものはあまり聞かない。地上はすべて、教区や管区に分割されていて、そこには責任をもつ聖職者がいる。彼らと無関係に、覚醒なんかしてはいけないわけですね。

プロテスタントには、そんなシステムがない。そして移民の国アメリカでは、人びとが自由に動き回っている。マサチューセッツとか大都市には、何となく教会の地区割りみたいなものもないではないが、特に西部や、開拓の最中の場所では、大勢の移民が怒濤のように流れてきていて、社会が流動的である。そこで、巡回説教師なるものが、彼らを追いかけていきます。そして、広場や空き地みたいな、教会ではない野外の場所で、説教をする。

このやり方に波長が合ったのが、メソジストとバプテストです。どちらもアメリカでは、後発の教会です。でも、大きくなった。カルヴァン派でもないし、長老派（プレスビテリアン）でも会衆派（コングリゲーショナル）でもない。教会にあまり歓迎されない、無数の巡回説教師が現れて、町や村を回って歩き、大量の改宗者を生んでいく。

それが可能なのは、教会組織と独立に、聖霊というものがいるからです。イスラムに聖霊はいない。カトリックやオーソドックスでは、聖霊が勝手に活動するのは問題だ。けれど、巡回説教師は、聖書の言葉をのべていて、感動と説得力がある。パワー（聖霊）に満たされている。その聖霊を人びとが受け取ることができる。聖霊が教会をつくるのであって、教会が聖霊をつくるのではないんですね。

大覚醒運動とは、いわば、「聖霊の一人歩き」なんです。

反知性主義

大澤　なるほど。一神教は一神教でも、イスラム教ではこんなことは起きないし、キリスト教でも起きているのはプロテスタントだけ。しかもアメリカに行ったプロテスタントだけがこんなことになっているというのは、考えてみると不思議なことですね。

いま橋爪さんが聖霊ということで説明されたことを、別の言い方で考えてみるとこんな感じがするんですよね。要は「なぜ世界はあるの、なぜ私はいるの？」ということについて偶然ということじゃ納得できないわけです。私は神に許されて存在しているのか、何か理由があって存在しているのか、そういう問いはどんな宗教にもあるわけですけど、たいていの宗教はそういう根源的知識をもっているのは特定の聖職者であったり賢者であったりする。一般の人はわからないわけですけど、代わりに聖職者がそれをわかってくれているということで少し安心する。そういう知性の不平等主義がある。神からの特別に聖霊が降りてくる人とか特別に恩寵を受ける人にだけ知性があって、その人は聖書も読めたり、神の言葉を理解できたりする。でも普通の人はわからない。わからないけど、わかってくれている人がいるということで納得する。そういう仕組みになってるのではないか、と思います。

しかし、アメリカのプロテスタンティズムは基本的にすごく平等主義なんですよね。森本あんりさんが注目している「反知性主義」ですね。反知性主義というのは知性に反対しているわけじゃなくて、知性が特定の人に独占されている状態に対するアンチです。「私」が納得したいんですよね。逆に言えば、聖職者だからって特別な権限があるわけじゃないので、誰にでも聖霊が降りてきうるということです。「なぜ私はここにいるのか」ということを誰もが納得しなくてはいけないという状況の中で覚醒運動が起きる。聖霊が平等に行きわたるポテンシャルをもっているので、それがどんどん広がっていくということじゃないかなと思いますね。だから「知る」ということについての感覚が、宗教改革以降、いつの間にか変化してきているんですよね。その典型的なあらわれが大覚醒運動だと思うんです。

橋爪　そうです。人間の知性より、聖霊のはたらきのほうを、人びとは信頼している。

自然科学とキリスト教

大澤　ところで、先ほど私は問題を提起するためにわざとビッグバンがどうのこうのと話したんですけれども、大きな精神の運動として見た場合に、科学革命と宗教改革は時代的にもほぼ同時代で、やはり同じ変化のそれぞれの側面だと思うんですよね。科学革命自体、直接キリスト教の教義を書き換えているわけではないですから、別にキリスト教徒でなくても科学はやれるわけですが、しかしおそらく宗教改革と同じ精神の運動の中で起きている。

私はこう思っているんです。科学革命というものが起きるのにはいろんな理由があるのですが、ひとつ重要なのは、知性というものに誰がアクセスできるかという問題です。中世までは啓示を受けた人が知性をもっているわけで、普通の人はもてないわけですよ。だから真理なんて一部の人間にしかわからない。しかし科学の重要な前提は、近代科学にとっての真理の条件は逆に、原理的には誰でもアクセスできるということですね。
だから科学革命は、プロテスタントに起きている回心体験と似たような側面がある。ただし、回心による納得は、実は自分たちの存在は偶然ではなくて必然だということの認識が最終的なところですが、科学というのは逆ですね。どこまでいっても偶然であるということが残る。もちろん原因をさかのぼることはできますが、さかのぼってもビッグバンになるだけなわけで、それ以上のものを求めたら科学ではなくなる。科学はいつまでたっても絶対に回心体験風の必然性には至らない。一方に必然性、いわばオチをつけるような認識の大逆転があって、他方に科学という、永遠に必然性による納得に至らない知の運動がある。これは両方とも宗教改革、プロテスタントというものに根をもっているというのが面白い。二つの関係をどういうふうに見ていけばいいのか。今のうちに問題提起的に問うておこうと思います。

橋爪　よいポイントです。科学革命と大覚醒とは並行する現象ですが、今これに深入りすると話が長くなります。

大澤　ええ。忘れないうちに言っておこうと思いました。先にいきましょう。

6　なぜ独立が必要だったのか

アメリカ独立革命

橋爪　じゃあ、「独立戦争」の話をしましょう。

アメリカ独立の経緯をおおまかに追うと、イギリスがアメリカに課税をする。アメリカは反撥する。でも、アメリカの主張をイギリスに反映する方法がない。イギリスから見るとアメリカはただの植民地で、「言うことを聞け」です。アメリカから見ると、「イギリスは口を出すな。俺たちは自治をしているのだ」。

新大陸は遅かれ早かれ、旧大陸から自立していくものなので、植民地はいずれ独立する必然があったと思いますが、アメリカは中でも特別なんですね。ほかの地域はカトリックだということもあるが、アメリカに比べて、独立の時期が遅い。しかもアメリカは、自分たちの自治の原理を、近代的な政治制度として自ら設計し、独立戦争をつうじて実現している、世界最初の民主主義国家であるという、強烈な特色がある。それに対してカトリック系の国々は、単に本国から切り離されただけで、特色ある社会組織をもっているわけでもないし、有力者の支配とか独裁とか大地主制とか、旧態依然たる社会構造を残している。

宗教もカトリックのまま。新大陸なのに、新しいところがあんまりない。こういう対比があるのです。

大澤　おっしゃるとおりですね。

橋爪　この、実験的で、人造的で、新しい、という性質はどこからきているかと言うと、やはりプロテスタントの信仰を源泉にしている。それにふさわしい政治制度がどういうものか、独立に先立って、アメリカの人びとは長い時間をかけて、ずいぶん考えているんです。そこを見ないといけないと思う。

アメリカ合衆国のモデル

大澤　なるほど。ちょっとひとつ疑問点を出しておいていいですか。常識的に考えると、イギリスから出てきた人たちが課税の問題で気に入らないということならば、じゃあ自分たちで王国をつくればいいじゃんということになって、イギリス風の政治システムをつくるのが普通だと思うのですが、アメリカが新大陸につくった政治システムはイギリス風ではないのです。イギリスに似てはいないというところが面白い。おっしゃるとおり、まったく新しいという感じがするんですね。しいて言うと、建国の父たちが国のありかたを設計しているときに基本モデルにしているのは、ハンナ・アーレントが言っていることですが、古代ローマです。たとえば、セネト（上院）というのもローマからきている言葉です。プロテスタントが精神的なベースになっているのは間違いないんですけれども、政治システムの表面にはキリスト教的な部分があまり出ない。加えて、政治システムに関して言えば、彼らが本来もとにしていたそれともずいぶん違うものがつくられている。

新大陸のカトリックの国は、独立はしたけれども結局ヨーロッパで自分たちがやっていた活動をカスタマイズした程度のものがつくられたわけです。しかもいまひとつカスタマイズがうまくいかないのでひどいことになるのが普通です。ところが北アメリカではまったく違うシステムでいきましたよね。この相違はどこから来たのか、前から気になっていました。

なぜローマなのか

橋爪　こんな感じじゃないでしょうか。

当時の世界標準はウェストファリア体制と呼ばれるもので、君主の信仰と住民の信仰が合致するのが原則だった。

大澤　そうです。領主の信仰、即、住民の信仰というものですね。

橋爪　これは、宗教戦争を停止する、たいへん賢明な仕組みであるけれども、イギリスの経験上、これもたいへん欠陥のある苦いシステムだったと思う。

英国国教会は、ウェストファリア体制の上に乗っているわけです。英国国王がいて、彼の教会は英国国教会である。カルヴァン派はその中にいる場合もあるし、外にいる場合もあるが、いずれにしても国王との関係で、難しい立場に立つ。それから、国王が教会に干渉したり、国王が改宗したりする可能性もなくはない。英国の国王は国教会から改宗しそうにないが、でもわからない。

アメリカ独立の直接のきっかけは、英国国王の横暴です。新大陸をめぐってフランスと戦争するなどして、財政が逼迫《ひっぱく》した。それを、植民地に負担させようという考え方なんですね。つまり世俗的な問題なんです。

ウェストファリア体制からすれば、本国から独立したら、アメリカにも国王がいなければならない。こういう常識をもっているひとは、ワシントンに「国王になってください」と頼んだ。ワシントンは断った。いっぽう、大多数のアメリカ人は、国王はもういらないと考えた。その理由は、国王はクリスチャンで、どこかの教会に属するだろう。すると、自分の教会ではない教会に意地悪したり、介入したりするではないか。それなら国王は、いないほうがいい。それで、独立を目指す。するとウェストファリア体制をはみ出してしまう。そんな体制がありうるのか。歴史をさかのぼると、ギリシア・ローマの民主制があったではないか。ローマは帝国になる前に、共和国だった。共和国には、国王がいない。（ついでに、キリスト教もなかったけれども。）そして、緊急時には統領なるものが選ばれて、行政権を握った。けれども、その統領が独裁者にならないように、元老院（議会）が牽制して、人びとの自由と権利を守った。こういう歴史を参考にし、アメリカの政治組織を、次のようにしたのです。

行政府のトップを、大統領とし、彼が通常の行政権と、軍事指揮権をもつ。これは、古代ローマを踏まえている。でも議会があって、立法権をもち、予算を承認し、そして行政府を監督する。この議会と行政府の関係は、イギリスを参考にしていると思う。

議会政治はアメリカ人に、なじみ深いものだった。本国に議会があるし、植民地にも議会があった。では大統領をどうやって選任するか。大統領は選挙で選ぼう。ローマで大統領は元老院が選出したかもしれないけど、普通選挙で選ぶことにする。一般有権者による普通選挙は、ローマの伝統ではなく、会衆派の伝統なのです。

会衆派の選挙で選ばれた役職者は、神に責任を負う。そして、任期があって改選されるから、固定した権力をもたない。権力をもつのは神だけで、人間は権力をもってはいけないのです。

これらを混ぜ合わせて、ハイブリッドにしたのが、アメリカのデモクラシー（民主制）

だと思います。これはトヨタがつくったハイブリッド車みたいなもので、それまで存在しなかったが、望ましい性能をもっている新しいメカニズムなのですね。

大澤　なるほど。おっしゃるとおりでしょうね。ローマの統領のかわりに大統領がいて、ほんとうは元老院のかわりに上院なんだけど、それを会衆派的に民主化して、民会の代わりに下院議員がある。たしかロバート・ベラーが書いていたと思いますが、イングランドからの独立についていえば、ほんとうは課税について決定しているのは議会なので憎しみの対象は議会にあるべきだったんだけど、独立運動の担い手たちは国王を敵視した。国王というものがいて、ア・プリオリ（先天的）に権威をもつというやり方に対するものすごく強い嫌悪感がアメリカ側にはあるんですね。

ここにアメリカがもっていた基本的なメンタリティがよく表れている。

オランダ独立戦争

橋爪　独立に前例があるとすれば、オランダがスペインから独立したこと。

スペインは王国で、王権があり、オランダはその植民地のような扱いだった。オランダはプロテスタント。だからいじめられた。そこでたいへんな苦労の末に、軍事力で独立を果たした。そして、議会があって共和制。これはアメリカにはたいへんなじみ深い。

オランダも王権に反対しました。でも、カトリックとプロテスタントですからね、オランダの独立はわかりやすい。アメリカの場合、イギリス国教会がほぼカルヴァン派だったとすれば、イギリスから独立する必要があったのだろうか。仲よくやっていれば、独立しなくてもよかったのかもしれない。でも、いじめられた。そこで「我々アメリカ人は……」という、アメリカン・アイデンティティが生まれたのです。パトリオット（愛国者）が現れた。パトリオットか、それともロイヤリスト（王党派）か。二つの政治的立場があって、アメリカ植民地社会はまっぷたつになった。昨日までの友人同士が、私はパトリオット、君はロイヤリストと、敵味方に分かれて戦った。ロイヤリストは結局、本国へ帰るかカナダへ逃げるか、亡命せざるをえなくなりました。オランダが国をあげて独立したのとは、ちょっと違うと思う。

フリーメイソン

橋爪　独立に先立ち、注意しておくべきなのは、大覚醒運動のほかにあとひとつ、理神論の運動があります。具体的には、フリーメイソンです。

理神論は、宗教改革が行き着いた、合理主義の思想です。プロテスタントは、多くの宗派や教会に分かれている。教義のうるさいことは、互いに言わない。仲間内では、宗教の話はしない。プロテスタントの信者で、自然科学を認める合理主義。これで十分ではないかと考えるのが、理神論です。

それを具現した団体が、フリーメイソンという友愛結社です。一八世紀初頭にイギリスで組織のかたちを整え、アメリカにも伝わった。教会をまたがって、誰でもメンバーになれるので、いくつもある植民地を横断するネットワークを築くのに、便利でした。理工系の知識を身につけ、情報を交換し、仲間の結束をはかることもできた。ジョージ・ワシントン、ベンジャミン・フランクリン、ポール・リヴィアをはじめ、独立革命に活躍したメイソンは数多い。念のため付け加えれば、ロイヤリストにもメイソンが多かった。

大澤　橋爪さんの『フリーメイソン』（小学館新書、二〇一七年）に、詳しく書いてありましたね。

橋爪　アメリカには、メジャーな教会もありましたけれど、どれかの教会が主役になろうとすると、すべての州がついてこないんです。国教会にせよ、カルヴァン派にせよ。すべての州がこぞって結集するためには、理神論とフリーメイソンが接着剤になるのがちょうどよかった。そこにアメリカの、パトリオットの情熱が加われば、革命軍が成立する。革命軍は、元はイギリス指揮下の各州の民兵だったものが、叛旗をひるがえしたものです。軍服を新調して、着替えた。服を着てないひとも、民兵として駆けつけた。

理神論のツボ

大澤　なるほど。考えるポイントを言っておくと、この理神論というのも相当普通の日本人には理解しがたい。私の考えでは、理神論というのは、科学的世界観がかなりメジャーになってしまっているという条件下で、それでもなおかつ信仰だけはどうしても維持したいというときに出てくる。

科学をとって信仰を捨てるというんだったら簡単なことなんですよ。「別に信仰なんていいわ、科学だけで」となれば気が楽なんだけど、どんなに科学の部分をとったとしても、なお信仰の部分は絶対に捨てられないというときに、苦肉の策として理神論が出てくる。ただ、理神論だけだと人はなかなか動かない。人を動かすには、理神論に何かを、パッションをもたらす何かを加える必要があります。しかし、その何かにあたるプラスアルファのところまで取り込んで皆に共通にしようとすると挫折するのです。「俺のプラスアルファはそれじゃない」ということになるから。だから、プラスアルファがあるはずなのだけれど、それがなんであるかをはっきりさせない、というところで止めておくわけです。いずれにしても、どんなに自然科学があっても最後の最後までどうしてもこのキリスト教を絶対に手放すわけにいかない、というときに使われる手が理神論である。

それから、歴史の事実として、あるいは社会学的にも興味深いのは、橋爪さんがおっしゃったように、アメリカはそこまでして独立する必要はないんじゃないの?という側面がけっこうあるということです。アメリカの植民地は、ものすごく搾取されていてものすごい貧困になっているという状況ではないんですよね。独立を目指す人たちの理屈は通っていて、直接の争点は課税の問題です。しかし、これが日本人だったら、はっきり言ってこんなことじゃ独立しないと思います。「独立のコストのほうが高いじゃん」ということになって、「少しくらい税金を余分に取られたっていいや」となるのではないか。しかしアメリカとしてはどうしても納得がいかない。

ハンナ・アーレントが『革命について』で、フランス革命とアメリカ独立を比較している。フランス革命が起こる強い動機として貧困があるわけです。ものすごく経済的にひどいことになっている階層があって、彼らが革命に動員される。しかし、アメリカは違いますね。政治的な理由だけで革命を起こしている。そこがハンナ・アーレントとしては気に入ったというか、彼女がアメリカ独立革命を評価するポイントになっている。しかし、逆に言うと、政治的な理由だけで独立するとはどういうことだったんだろうかと、それを納得することがアメリカ理解にとっては重要な気がします。

税金が仮に高かったとしても、自分たちで決めていれば別に問題なかったと思うんですよね。自分たち自身が、あるいは自分たちの代表が、望ましくは会衆派のように自分たちで決めて、たとえば軍隊が必要なので所得の半分は税金だと言われても自分たちで決めたのなら問題ない。しかし、仮に課税額が少なかったとしても、自分たちが決めたわけじゃなくて、どこか遠くで自分たちが全然参加してないところで決められているのが我慢ならないということだと思うんですね。この「我慢ならなさ」を理解するのが大切です。

日本人の多くはアメリカから多少税金を取られても文句を言わないいんじゃないかという感じがする。現に米軍が駐留するためにアメリカ人にかわって、本来アメリカ人が負担すべき分まで税金を出しているようなものですから。そういう日本人のメンタリティとは決定的に違うんですね、アメリカ人は。これはアメリカのプロテスタントの特徴というか、先ほどの平等主義とも関係していることだと思います。カトリックのように特別な権限をもつ人たちがいて重要なことはその人たちが決めるというシステムではなくて、すべてのことは、皆同じ信徒であるという状況の中で、自分たちではない何者かに決められてしまうことは許されないという感覚ですよね。

なぜ、「俺たちアメリカ」か

橋爪　州があって、州に政府があるでしょう。それは自分たちの自治政府だ、という感覚が強かったと思う。州は、特許状にもとづいたり、会社組織だったりして、ワンセットの法律があって、教会があって、そこの州の人民であるという自覚があった。相談しながら憲章をつくったり、手弁当で自治をしている。そしてそういう州が手を結んで、喧嘩もせずに協力している。

さて、イギリスがその州を植民地とみて、「お前らはアメリカだ」とひとまとめに課税している。イギリスの視線を媒介することで、「俺たちはアメリカだ」という意識が生まれている側面がある。「俺たちはイギリスだ」と思ってもいいはずなのに、なぜそれがだんだん薄まっていったかと言うと、アイルランドとかフランスとかドイツとか、少しずつでも、ヨーロッパ各国からの移民がアメリカに定着している。アイルランドの人びとはイギリスにいじめられてきたわけです。「俺たちイギリス」という意識はゼロで、むしろ反感がある。彼らを巻き込んだ州というコミュニティでは、「俺たちアメリカ」という意識だけがある。せっかくアメリカに来ているわけだから「俺たちイギリス」という感覚がだんだん、「俺たちイギリス」という感覚を上回っていったと思います。

大澤　なるほど、面白いですね。アメリカというのがただの地理的な場所ではなくて、ひとつの政治的な共同体の名前になったのはこのときだと。

考えてみると、初期の入植者たちは自分たちをアメリカ人と思っているわけじゃなくて、アメリカに住んでいるイギリス人です。彼らは、植民地にたまたま来ているけど、「中東に出張に来ているけど日本人は日本人だ」みたいなことと同じ感覚ですね。でもあるときから、自分はイギリス人である前にアメリカ人だというふうになっていく。それはおっしゃるとおり、イギリスの視線を媒介しているし、たしかにアイルランド人は自分をイギリス人だとは思えないですよね。イングランドが嫌でここに来ているわけだから。

州は国家だ

大澤　それから、アメリカは、今でもそうですけど、州ごとの独立性がひじょうに強い。日本人の感覚からすると、アメリカという国があってその中にいろんな州があるように見える。「日本という国があってその中にいろんな県がある、それと同じじゃん」と思いたがりますけど、実は順番が逆であって、むしろそれぞれの州が自分たちの独立の主権を少しずつ譲り合って連邦になっている。アメリカ人というのはどちらかというと小さなコミュニティで、かなり直接民主主義に近いようなかたちでそれを運営するのが得意な人たちですよね。それに対して大きな、ものすごく中央集権的で特権的な人がすべてを決めるようなシステムが苦手で、それには嫌悪感をもっている。イギリスで勝手に決められて課税されるのが気に入らないという感覚もそこにベースがあるわけです。逆に言えば、それぞれの州が、あるいは州の中でさえも、さまざまに自治的なコミュニティがあって、それらをひとつにまとめるのはひじょうに難しい。この独立の段階ではまだ小さいですがとりあえず成功させて、後々の展開を見ればEUよりももっと大きい領域が単一の国家になっているというのは驚異的なことですね。

たとえば中国は大きな国家になっても、ずっとそうやってきていたわけですから、それほど驚きではありません。あの地域で生まれ、継承されてきた無意識の社会技術が、帝国的なシステムを指向してきたのです。中国は、帝国的でないときには、常にひじょうに不安定です。

それに対してアメリカは、ひじょうに細かいコミュニティで自治的に運営するというやり方がベースにある、それなのにいちおう、ひとつの大きな合衆国になっている。この二重性のからくりの秘密はどこにあるのか。このからくりの端緒は、独立のときに一三の州がまとまってひとつのアメリカになった、ひとつの憲法がつくられた、大統領が一人選ばれたということにあります。このあたりも念頭に置きながら考えていければと思います。

安全保障としての連邦

橋爪　アメリカにとっての悪夢は、アメリカが分裂するということなのです。この点は、中国に似ています。

アメリカは真っ平らでしょう。中国も真っ平らでしょう。そして十分に広いでしょう。複数の国が存在してもいいくらい、広いんですよ。中国は、複数の国が存在したこともあるし、統一したこともある。統一したときはだいたい、強力な中国ができあがる。分裂したときはだいたい、ろくなことにならない。分裂は、戦争の可能性があるので、コストが高すぎる。

いっぽうヨーロッパは、そんなに広くないのに、ほとんど統一されたことがない。しょっちゅう戦争をしている。

そこでアメリカ人は直感的に、この土地に、独立国が複数あったら大変なことになると思った。ヨーロッパの経験から、そう言えるのです。一三も州があれば、足並みが乱れても不思議はないのに、団結して独立をかちとった。これは素晴らしいことだ。当時のリーダーたちが、巧みな軍事的、政治的、外交的なリーダーシップを発揮して、適切に行動したおかげだ。もしもリーダーが愚かだったら、失敗していたはずです。

アメリカにとって、カナダやメキシコが脅威にならないことも、重要ですね。つぎつぎに州が増えていって、結局、大陸全体がアメリカになるんだけれども、多くの幸運も重なった。でも、なにより、この土地全体がアメリカになるべきだという強い信念があったから、実現できたことなのです。

大澤　南北戦争のときに別々になる可能性が一度はあったわけですけど、それも乗り越えた。それぞれの文明ごとに社会のつくり方に得意技と苦手技があって、中国の場合はとにかくまとまるのが比較的上手。何百年かはまとまっていられる。というか、少なくともまとまっていないときは悲惨なことになる。逆にまとまるのが苦手なのがヨーロッパ（そして、実はインド）。私が思うに、ヨーロッパは、まとまりたいという欲望も強くもっているのです。今だってEUをつくり、苦戦しつつも維持している。フランク王国の頃からずっとまとまりたいと思っているし、ときには強引にもバーチャルな帝国、つまり神聖ローマ帝国があるということにして、まとまる意思を示し続けてきた。しかし、その欲望は、実際にはかなえられない。分散への力も同時に働いていて、それを完全には乗り越えられないのです。

さて、分散への意思、多元化への遠心力という点では、ヨーロッパよりアメリカのほうがさらに強い気がするんですよね。しかし、同時に、中央集権化するベクトルも、アメリカはたぶんヨーロッパよりもさらに強かったのです。ヨーロッパでさえも、皆が何百年も、いや千年以上もまとまりたいという希望をもちながら、いつまでたってもヨーロッパ合衆国は形成されなかった。しかし、気がついてみたらアメリカはヨーロッパより広い地域がひとつの国になっている。これはすごいというか、きわめて不思議なことです。

移民の国の優位

橋爪　簡単にいえば、それは移民の国だからだと思う。
　植物学で、固有種と外来種というのがありますね。

大澤　アメリカは外来種だけでできているような国だということですね。

橋爪　外来種の特徴は、単一の植物が広大な面積を覆っていることです。
　外来種も、もといた場所があるわけでしょう。行ってみると、ごく小さい群落があるだけだったりする。いろいろな種が、狭い場所を分け合っている。ヨーロッパは、そうなんですね。ドイツがあって、ドイツも細かく分かれていて、フランスがあって、ベルギーがあって……みたいな。ちょっと隣りはもう、言語と文化が違っていて、皆オリジナルだから、単一化できないんです。ところが移民になると、きわめて短期間に、広大な面積を、よく似た単一の人びとが覆い尽くしてしまった。植物と同じような論理が働いているのだと思う。

7　なぜ資本主義が世界でもっともうまくいったのか

資本主義のアメリカ

橋爪　アメリカと言えば、資本主義です。

　まず資本主義とは何か。

　資本主義と市場経済は、だいたい同じです。

市場経済とは、お金で何でも買える経済のこと。「何でも」とは、ふつうの商品のほかに、生産財（土地・労働・資本）も買えるという意味。土地は、生産に必要だが、経済活動で生み出せないものをいいます。土地のほか、水、空気、鉱物資源など。土の中に埋まっている状態の資源も、土地です。労働は、人間の労働力のこと。契約を結んで、時給いくらで労働者に働いてもらいます。資本は、経済活動で生み出すことができて、生産に必要なもの。工場の機械設備などです。これらが市場で売買できる。土地の市場、労働力の市場、資本の市場があるのが、資本主義経済です。

　資本市場は、株式市場、債券市場のことです。これがあると、資金を一ヶ所に集め、大きな事業を行なうことができます。大勢の労働者を雇い、大きな敷地に工場を建て、最新技術で大量の商品を生産する。そして販売する。それが消費される。これが繰り返され、経済規模がどんどん拡大します。

アメリカで資本主義がうまく行った理由、その一。自然資源が豊富だった。その二。勤勉な労働者が大勢いた。その三。科学技術が進んでいた。

科学技術は実は、ヨーロッパのほうが進んでいたんです、二〇世紀の初めくらいまで。でもアメリカは、いち早く資本主義を大発展させた。ヨーロッパじゃないことが利点になった。

ヨーロッパは伝統的な社会なので、職人のギルドなど、いろいろな慣行がある。新技術を素早く取り入れにくい。アメリカにはそんなものはないので、新技術があれば、あっと言う間に企業ができて、ガンガン儲けても誰も文句を言わない。そういう意味で、資本主義の実験場にちょうどよかった。

勤勉な労働者がたくさんいました。カルヴァン派、勤勉に働きます。クエーカー、勤勉に働きます。プロテスタントはおおむね、勤勉に働くんです。そして合理的な行動様式をとる。これは、ウェーバーが分析しているとおりです。

利潤を肯定できる

橋爪　資本主義は、儲かります。利潤を肯定できるかどうか。

まず、利子はその頃までに、とってよいことになっていた。これは話すと長いので、省略します。

利潤はどうか。プロテスタントは、利潤はよいことだ、とする論理をもっています。神の恵みだというのです。

その論理を、こんなふうに考えられると思う。福音書に、「貢《みつ》ぎの銭《ぜに》」という話があります。イエスの一行が歩いていて、呼び止められた。「おい、そこのお前ら、神殿税を払ったか。」毎年、コインで払う決まりだったのですね。払っていないし、コインのもち合わせもない。困っているとイエスが言った。「ペテロ、お前は漁師だろう。そこの池で魚を釣りなさい。釣った魚の口の中に、コインがあるから、それで払いなさい。」ペテロが半信半疑で釣り糸を垂れると、魚が釣れて、口の中にコインがあった。それで税を払いました、終わり。そういう話です。イエスの数々の奇蹟のひとつです。

イエスは神の子で全知全能だから、池の魚の口の中にコインが入っているのを知っていた。それを知っていたなら、世界中のコインのありかを一枚残らず知っていたわけでしょう。いま誰の財布にいくら入っているか。去年、いくら入っていたか。そして来年、いくら入っているか。来年のことを、我々は知りません。儲けようとビジネスをやり、儲かったり損したりします。神は、ジョンが儲かると、事前に知っている。儲からなくさせることもできたが、しなかった。ならばジョンが儲けたのは、神の恵みです。利潤は正当で、市場をつうじて、神が与えてくれたことになるのです。これが、アダム・スミスの言う「神の視えざる手」なのですね。

市場は、そういう意味で神聖なもので、その結果は神の意思です。人間（たとえば政治）が介入して、市場をねじ曲げてはならない。これが古典的な自由主義で、政経分離なのです。この論理が成り立つから、資本主義になる。

大澤　なるほど、明快ですね。

なぜ際限がないのか

大澤　ウォーラーステインが言っていることですが、資本主義の特徴というのは資本の蓄積が無限になること、つまり「ここでもういいじゃん」という充足に絶対に到達しないことですね。資本主義が主流の経済システムになる前は、経済とは基本的には同じことの繰り返しでした。だから去年と同じだけ儲かればいいわけです。けれども資本主義の下では、経済主体は常により多くの利潤を求める。一旦そういう行動様式が主流になってしまうと、

「俺はそんなに儲けなくていいよ」と言っても、その人たちはただマーケットで破産し、敗者になるだけです。失敗する人もいっぱいいるわけですが、すべての人が常により多くの利潤を求め、資本蓄積をめぐる競争から降りられないというシステムになっている。しかし、人類がずっとそれをやっていたということではない。ある時期からそうなり、特にアメリカではそのシステムが繁栄した。その理由を考えておかないといけないということですね。

私が注目したいのは、アメリカにおいて「成功〔サクセス〕」という言葉がもっている独特の含みです。「成功」という語の指示対象は、ものすごく煎じ詰めてしまえば、要は資本主義的な市場で勝者になることです。だからトランプは資本主義で成功した人になる。しかし、それを「成功」とアメリカ人が呼ぶとき、この語に何か独特の含みがあるのを感じるんですね。表面的には投資して儲かったということなのですが、単に世俗的な幸福を手に入れたということ以上のものが、「成功」という語で意味されている。はっきり言えば、「成功」という語には、宗教的な救済に似た、プラスアルファの含みがある。とはいえ、それが、神の意思とか神の国とかに関係していることであれば、そういう含みがあって当然なのですが、この語が実際に指示していることは、この地上における勝利、市場での勝利ということです。つまり、この地上における成功を得ることが既に宗教的使命を果たしているかのように見えてくる。そんな不思議な感覚があります。どうして、「成功」に、このようなプラスアルファの含みが入るのか。

先ほどおっしゃったとおり、福音書に根拠があるからかもしれませんが、それだけならプロテスタントでなくてもアメリカ人でなくても共通ですよね。アメリカ人が、大陸に渡ったプロテスタントが、とりわけ地上における成功というものに特別な情熱を燃やしてしまった理由、そのこと自体に宗教的な意味があるように思うのですが、いかがですか。

世俗の活動は、霊的でもある

橋爪　プロテスタントは、神がすべてを隅々まで支配していると考える。世界の終末と最後の審判。それに続く神の王国。これは、神の直接介入ですから、神がすべてを支配しているのは明らかです。

それまでの世界はどうかと言うと、自然現象は、自然法則によって機械的に運行していますす。人間社会は、偶然に支配されているように感じますが、ここでも神の支配が貫徹していて、神の計画が実現していくと考える。つまり世界は、神の恵みです。

カトリックの場合、教会が恵みの一部を配分するので、人びとは教会に集まらないといけない。教会の外、たとえば市場には、必ずしも神の恵みがないのですね。

いっぽうプロテスタントは、教会は恵みを配分しないと考えることに決めた。プロテスタント教会にはいろいろあるが、誰もが対等なプロテスタント。同じように神の恵みを受けている。そして労働は、神の罰ではない。むしろ、神を讃える隣人愛の実践でなければならない。日本人からみて世俗の活動とみえるものも、本人たちにすれば、世俗の活動であると同時に、霊的な活動なのです。

神との関係で、世俗の活動に励まなくてはならない。これがプロテスタントです。

大澤　私もだいたいそう思います。私も人に訊かれたらそういうふうにしか説明できないんですけれども、自分自身でまだ微妙に納得がいかない感じが残ります。

不思議な過剰さ

大澤　マックス・ウェーバーがベンジャミン・フランクリンなどを念頭に置きながら日々の労働が実は霊的な活動になっていると言うときにイメージしている世俗内禁欲と比べて、たとえばトランプのような今のアメリカ人たちの過剰なまでの成功への情熱を見たときに、彼らは霊的活動とはほど遠い享楽主義者に見える。もちろんある意味で信仰をもっているわけですが、はっきり言えば、彼らが日々神のことを考えて行動しているように見えない。真面目な信者から見れば「あいつの信仰は本物じゃないぞ」と見なされるタイプですよね。

そういうことについてはいろんな人が書いていて、普通の説明だと、もともとのプロテスタントには宗教的な情熱があるかもしれないが、やがて豊かになってくると人間は欲望に負けていき、宗教的な情熱が弱まっていくというのです。ウェーバーの説明ですらそのような筋になっています。

しかし私にはそれではまだほんとうには腑に落ちないんですね。彼ら自身の世俗における成功への情熱自体が、人間のただの自然の欲望ではとても解釈できない強迫的な過剰さをもっている。その過剰さは、橋爪さんもおっしゃったように、プロテスタントの宗教的な部分からきているとは思うのです。しかし、彼らがいかにも謹厳実直な宗教者のように活動しているならわかりますけど、逆に貪欲な世俗の快楽にまみれているような感じに見える。それは、世俗の成功があれば宗教に対するロイヤリティもだんだん下がってくるというのとはちょっと違うと思います。かといって、これが彼らの宗教なんだと言い切るのも直観に反するところがあるわけです。

強いて言うならば、世俗内禁欲がちょうど裏返しになっている、という印象です。世俗内禁欲というのは、世俗の活動であるにもかかわらず、宗教的な倫理性に根拠をもっているような禁欲がある、ということです。そのため、功利的な計算から要請されるような自然な禁欲よりも過剰なものが宿るわけです。その禁欲の部分を、快楽に置き換えたらどうなるのか。すると、快楽に過剰に駆り立てられている、そんな像が得られるでしょう。アメリカ人の「成功」への情熱から感じるのは、あえて言うとこんな感じです。

世俗の中の霊性

橋爪　世俗にまみれていくと信仰心がだんだん薄れる、という言い方があてはまるのは、ルネサンスだと思います。

大澤　そのとおりですね。

橋爪　ルネサンスの世俗主義はたしかに、信仰から離れている。そしてそれは、資本主義にならない。

アメリカの資本主義はまさに世俗のど真ん中に、もっとも宗教心がある、そういう構造になっている。なぜか。信仰をもっている敬虔なクリスチャンであるのは、神の意思であり、神の恵みです。神に関心がなく、信仰をもっていない、この状態も、神の意思であり、神の恵みなんです。世俗にまみれ、信仰と無関係な日常を送っている。これも神の意思であり、神の恵みです。プロテスタントの考え方からすると、神と無関係だったり神から離れたりすることは、人間にはできないのです。どのようであっても神の計画であり、神の意思が貫徹されている。神の栄光がそこにある。だから世俗的な活動のど真ん中に、宗教性があるんです。

さて、世俗のことしか考えていない、成功をしたビジネスマンを考えてみる。「俺は毎週教会に行ってキリスト教徒らしくしているけれど、あいつは全然そうじゃないよな」とまわりの皆に言われるような。そんな他者の視線が、ちくちく向けられる。羨ましいという視線と、人間として信仰者として問題あるなという非難の視線と、両方ある。じゃあ彼はどうすればいいか。成功をやめて、わざと貧乏になるか。これは、キリスト教では禁止されている。神に救われようと、わざと富を捨てるのは、効果がない、やっちゃいけない。何ができるかと言うと、寄付をする。すると「おっ、あいつはただの世俗的な奴に見えたけど、やっぱり神のことを考えているんじゃないか」とか、「神が彼に働いて、そういう隣人愛の実践をさせてくれている」とか、人びとが思うわけです。そこで、成功への強迫があり、同時に、寄付への強迫がある。

大澤　実際によく寄付していますからね。

橋爪　ジョン万次郎が暮らしたフェアヘイブンという町に行ったことがあります。万次郎が通ったユニタリアン教会を見学した。そこはもう教会として使われていなくて、別に立派なネオ・ゴシック様式の教会が建っていた。スタンダード石油の大金持ちのユニタリアン、ヘンリー・H・ロジャーズが寄付したのだそうです。ほかに、図書館や高校も寄付している。たいていの大金持ちはそうやって寄付するんですね。

大澤　巨万の富というか使い切れないくらいのものすごい収入があるんでしょうけれど、寄付するときに、ほんとうに自分が神の国に救われるだろうと思ってやっているのか、それとも今言ったように、自分の道徳的評判、なかなか立派な人だと思われたいから戦略的にそういうふりをしているのか。どっちに近いんですかね。

無意識の信仰者

大澤　この質問をした真意はこうです。「俺はいちおう、戦略的にそういうふりをしているだけだ」と言う人がよくいるじゃないですか。「ほんとうは信じてないけど、そのほうが都合がいいからさ」とか。でも人間って、どういう意識をもっているかよりもどう行動しているかのほうが重要なんですね。「俺はほんとうはそう信じてないけどさ」と言いながらそう行動している人は、ある意味でそう信じているんです。

たとえば北朝鮮で、「金正恩なんて馬鹿だと思ってるけど」とか内心で思いながら命令を聞いている人がいるとするじゃないですか。内面の意識よりも命令を聞いていることのほうが社会的な現実をつくっているわけで、その人は、結局、命令を拒絶できなかった、命令に逆らえなかったということのほうが重要です。「金正恩なんか愚かだと思っているけれども」といくら内面でつぶやいていても、彼の行動はそれを裏切っている。すると真実は彼の行動のほうにあるわけで、いってみれば、彼は無意識に信じているんですよね。

さて、この場合も、仮にスタンダード石油のロジャーズ副社長は「自分はそこまで神を信じてるわけじゃないけど、こっちのほうが立派だと思われるので」と考えていたとしても、そこまでやるとすればやっぱり無意識のうちに神を信じているとしか言いようがない。だからアメリカ人の信仰というのは、半分無意識みたいなところがあると思うんですよ。だからマザー・テレサみたいに常日頃から信仰してくれれば、この人は信仰していると見えるんですけど、本人たちの意識内容は世俗的な無神論者のようではありますが、彼らの行動をよく見れば、信じている人と同じですね。だから彼らが口で言っていること、あるいは彼が意識していることだけからでは、冷めた近代的な合理主義者みたいにしか思えないんだけど、でも彼らの無意識ではもっと深く信仰しているようなことがある。彼らは一見、口ではときどき冒瀆《ぼうとく》的なことを言ったり、あるいはごく普通の世俗的な脱宗教化したようなことを言うけれど、行動はそうではない。そちらのほうを、意識とは乖離《かいり》している行動のほうを押さえないとアメリカの真の姿が見えてこないということがある。

橋爪　ほんとうにそうです。

新しい教会

橋爪　独立戦争の頃から、新しいキリスト教会がどんどん現れました。とてもアメリカらしい現象なので、紹介してみます。

まずユニタリアン。ユニタリアンは、三位一体を認めない合理主義の宗派です。イエスは神の子でもキリストでもなく、義の教師（つまり、人間）だとする。カルヴァンの流れを汲む会衆派から生まれました。自然科学を認める進歩派で、ハーバード大学はこの宗派に属します。

大澤　ケンブリッジのユニタリアン教会を、ご一緒に見学しました。

橋爪　つぎに、ユニバーサリスト。ユニバーサリストは、救済予定説と反対に、人間は誰もが救われると決まっている、と考える。これを、普遍救済（ユニバーサル・サルベーション）といいます。どんな信仰をもっていても、救われるのですから、イスラムやユダヤ教や仏教にも寛容です。

ユニバーサリストとユニタリアンは似ているというので、今は合同しています。

アドベンチスト。イエス・キリストの一日も早い再臨を待望（アドベント）する宗派です。一八四三年にイエスが再臨すると預言したひとがいて、この教会が生まれました。土曜日に礼拝するセブンスデー・アドベンチスト教会も、この流れです。

モルモン教。「末日聖徒イエス・キリスト教会」という名の、キリスト教系の新興宗教です。一九世紀初めに、ジョゼフ・スミスという若者が、天使の導きで「モルモンの書」を発掘し、英語に翻訳しました。この宗派は当初、一夫多妻を実践したので迫害され、ユタ州に逃げ延びました。共和党の元大統領候補・ロムニー氏も、モルモン教徒です。

クリスチャン・サイエンス。メアリー・ベイカー・エディという女性がいて、神の霊感を受けるようになり、『サイエンス・アンド・ヘルス』という本を書きました。信仰が病気を治す、というのがクリスチャン・サイエンスです。財力のある教会で、クリスチャン・サイエンス・モニターという新聞ももっています。

エホバの証人。終末が近い、という切迫感をもって活動し、熱心に勧誘をします。日本でも最近、信者が増えています。信者は、「ものみの塔」という冊子を読んで、勉強します。三位一体を否定するので、キリスト教からは異端とみられています。

リセットへの願望

大澤　なぜつぎつぎ、新しい教会が出てくるのでしょうね。

橋爪　アメリカには、無数の教会があります。

移民の人びとはまず、ヨーロッパの教会をそのままもち込みます。アイルランドのカトリック。ドイツのルター派。スラブ正教。ロシア正教。……といった具合に。すると、出身グループごとに、教会が別々にできて、混じり合わないことになります。黒人は黒人の教会に行く傾向があります。

バプテストとか、メソジストとか、エピスコパルとかは、アメリカ的な教会です。こうした教会には、いろいろな背景の人びとが集まっています。

新しい教会は、それまでの教会と縁を切って、参加することになります。教会って、うっとうしいこともあるでしょう。新しい教会に加われば、人間関係をリセットできるのですね。そういう機能もあると思います。

大澤 アメリカは世界でいちばん科学が進んでいて、そういう知識もある意味で普及していて、普通の近代教育も行なわれている中で、他方でかなり普通の感覚からすると荒唐無稽に見えるようなことを信じる人がいっぱいいるというのがすごい感じがしますね。

8　アメリカは選ばれた人びとの選ばれた国なのか

アメリカの二重性

橋爪　さて、アメリカのアメリカらしさの根本。それは、アメリカは特別な国なのか、アメリカは世界の模範なのか、アメリカ的価値観（自由、民主主義、資本主義、……）は世界が真似すべきものなのか、という点にあるんですね。

もし真似すべきものであるなら、アメリカはアメリカにとどまらない。世界のモデルになるので、普遍的です。

でも、もしもアメリカが選ばれているのなら、アメリカは、それ以外の国々とは違うので、特殊になる。アメリカの主張は、アメリカ・ナショナリズムになります。

普遍主義（ユニバーサリズム）とナショナリズムとが、奇妙に複合しているところが、アメリカの特徴ではないだろうか。

大澤　なるほど。

橋爪　それはキリスト教の二重性と、よく似ていると思う。

キリスト教は、人類を救う福音なので、ユニバーサルです。「みな、クリスチャンになりなさい。」でもキリスト教は、ヒンドゥー教でも儒教でもイスラムでもないし、神道でもない。そして、他の宗教に、異教や異端のレッテルを貼って、押しのけている。という点で、やっぱり、自分も特殊なひとつの宗教にすぎないのではないか。この二重性（両義性）の上に成り立っていますよね。

このこと自体をアメリカがよく理解しておらず、また、相対化できていない。アメリカ人は自分がアメリカ人であるということと、距離をとれていない。

昔は、アメリカ人がアメリカ人っぽく行動すると、ヨーロッパでは物笑いの種だった。歴史も伝統もないので、とんちんかんなことをする。貴族でないのに貴族の真似をし、伝統がないのに伝統があるふりをし、クリスチャンのことをよくわかっていないのに自分こそクリスチャンであると思っている、みたいな。貧乏な新大陸の田舎者扱いだったのが、気がついてみると、ヨーロッパが束になってもかなわないくらいの富をもち、世界でもっとも戦争が強く、覇権国になっている。おどおどしていたアメリカ人が、いつの間にか自信たっぷりになって、ヨーロッパを指導している。

特殊でローカルなアメリカ性とユニバーサルなアメリカ性のギャップは、アメリカが覇権国になることによって覆い隠されているんですね。アメリカ人がこの矛盾から目を背けている。

日本人は、あるときは、アメリカの普遍性に惹きつけられて、アメリカに憧れる。あるときは、アメリカのローカル性、土俗性が目について、拒否反応をとる。親米／反米、と日本の中に両方あるじゃないですか。それは、日本人にもかなりの原因があるが、アメリカ人にもかなりの原因がある。

アメリカにはなれない

大澤　私が思うに、アメリカというのは普通のナショナリズムと同じ次元で語れないと思うんですね。ナショナリズムかユニバーサリズムかということでいうと、つまり、一方にパティキュラリズム（特殊主義）にもとづく典型的なナショナリズムを考えて、もう一方にユニバーサルな、たとえばキリスト教とか世界宗教のほうを考えるとすると、アメリカ性はどちらに近いか。明らかに後者だと思うんです。

どこの国にもナショナリズムはあって、日本にもある。それぞれの国の何かに誇りをもっているとしても、たとえばどんなに日本人というものが魅力的だと信じているとしても、世界中の皆が日本人になればいい、なるべきだと思っているナショナリストはいないんですよね。でもアメリカ人はある意味で「世界中の人がアメリカ化すればいちばんいい」と思っているのではないか。もちろん現実には不可能ですよ。でもアメリカ人は、本来皆がアメリカになればいいんじゃないかと思っている節がある。そういうナショナリストっていないんですよ。

ナショナリストは普通、どんなに自分の国が素晴らしいと思っていても、「それぞれだ」というのが特徴です。普通のナショナリズムを前提に考えると、アメリカのやっていることは、まったく変です。ときに武力まで使ってひじょうに強制的に他国をアメリカナイズしているように見えるからです。しかし、アメリカ人にとっては当たり前のことをやっているに過ぎない。だからアメリカというものは普通のナショナリズムと同列に考えられなくて、どちらかといえば伝統的な世界宗教にもとづく共同体をモデルにして考えたほうがよい。世界宗教の現代版をアメリカに見たほうが、普通のナショナリズムとの類比で捉えるよりも正確です。

けれども皆がアメリカになればいいかというと、そもそもアメリカは特殊すぎて皆がなれるようなものではない。客観的にはきわめて特殊なんです。ヨーロッパの人たちから見たってそうです。まして日本みたいに別の伝統に属する社会にとっては、アメリカ化するのは相当に難しい。よく世界はアメリカナイズされていると言いますけど、きわめて上澄みの部分しかアメリカ化できないですね。まして日本はそうです。

また他方でもう一ひねり考えると、アメリカが特殊だといっても、その特殊性は、たとえば「中国は特殊な国です。我々とは違います。インドも違います。フランスやイギリスだって違います」というのとはちょっと違った位置づけになると思うんですね。我々にとってアメリカというのはある種のスタンダードでもあるからです。今、アメリカは特殊で、アメリカ化できないといったばかりなのに、アメリカがスタンダードになっている、というのは矛盾だと思われるかもしれませんが、そうではありません。

前にも触れましたが、やはりお葬式をイメージするとわかりやすい。お葬式に行くと、「故人が天国で幸せでいられますように」とか言いあっているわけですが、冷めた唯物論者は天国なんか存在しないと思っているわけです。あるいは、「死んだお母さんもきっとあなたの幸せを望んでいるんでしょうね」と言ったりするのですが、「死んだお母さんはもう死んだんだから何も望んでいないんだけど」ってほんとうは思っているわけです。よく煎じ詰めれば天国のことも信じてないし、死んだ魂がどこかに漂っているとも思っていない。しかし、それでも、葬式では、そうしたものが存在しているという前提を採用しなくてはならず、そういうことを信じているかのように行動しなくてはならない。

アメリカについてもそうです。アメリカが特殊すぎて、ほとんどの国はアメリカ化できないとしても、世界はアメリカの信仰に合わせて動いているのです。しかし、ほんとうにそれを信じている者は一人しかいない。ほかならぬ、アメリカです。たとえば中国に関してだって中国人なりの世界観があるんだけど、それは中国でしか通用しなくて、世界の誰も中国人なりの世界観や信仰に合わせて動く気なんかないんです。しかし、アメリカについては違う。世界は、アメリカ人の信仰には合わせて動く。どんなにアメリカから遠い人でも、グローバルに行動しようとしたら、実際には、アメリカの信仰に合わせてふるまわなくてはならない。どんなに冷めた唯物論者でも、お葬式に行ったらお葬式のマナーに合わせないといけないのと同じです。でもほんとうに信じているのはアメリカだけである。

アメリカ文化

橋爪　アメリカン・カルチャーというのがあります。これが、普遍的か個別的か。うまくできていて、「見せかけの普遍性」になっていると思うんですね。

まずスポーツ。移民の国だからいろんな人が来るでしょう。出身国にはそれぞれのスポーツがあるはずです。たとえばイングランドの人はサッカーが上手かったりする。だけどみなでサッカーをやると、サッカーの得意な人と下手な人がいて、楽しく遊べないわけですよ。そこで、ヨーロッパやどこかの地域で、ふつうにやっているスポーツはやれなくなる。すると、新しいスポーツを発明しないといけないわけだ。というわけで、野球、バスケットボール、アメリカンフットボール、みたいに、新しいルールの新しいスポーツを発明する。それをみなでやるという強い動機が生まれる。こうして、アメリカっぽいスポーツができるわけ。これは移民のスポーツだから、世界中の移民が平等に楽しむことができ、普遍的なスポーツであるつもり。でも普遍的じゃない。たとえば野球。野球帽には、ツバがある。イスラム教徒は、礼拝の邪魔になるので、ツバがある帽子はかぶらないんです。イスラム教徒には、野球帽はクリスチャンの帽子に見えるから、野球をやらない。アメリカ人はそのことに気がつかない。

大澤　たぶん無知なだけですね、きっと。

橋爪　それから料理。世界中の料理をもった移民がやって来ると、みな、自分の国の料理を食べるんだけど、ファストフードは、町中で手っ取り早く食べるもので、それらを逸脱したミックスになるわけ。まずハンバーガー。ハンバーグはドイツ料理なのに、それをバンズ（パン）で挟んで食べて、ハンバーガーという。それがハンブルクにあるかどうか、私は知らない。

大澤　ハンブルクにはハンバーグはあるけど、もともとはハンバーガーはないでしょう。アメリカから逆輸入はされているでしょうけれど。

橋爪　たぶんアメリカにしかない。それと一緒に食べる、フレンチフライは、フランスじゃなくて、詳しい人が調べたところによると、ベルギーのものだ。

大澤　ベルギーでビールと一緒に食べるのでしょうかね。

橋爪　だけど、フレンチフライという名前で、アメリカ料理になっちゃった。ホットドッグ。ソーセージはドイツのものか知らないが、ああいう形のパンに挟んでトマトケチャップとマスタードをかけるというのはアメリカのものだと思う。一説によると、ピザもアメリカ料理だそうです。アメリカで変形しているのですね。のり巻きのカリフォルニアロール。これは「見せかけのローカル」です。

ミュージカルとかジャズとか映画とか、アメリカン・カルチャーの特徴は、アメリカにやってきた移民なら誰でも楽しめるということです。それが見せかけの普遍性でも見せかけローカルでもどっちでもいいのですが、アメリカに来た移民の誰もがアクセスできるから、世界中の人びとがアクセスできるのかというと、そういう保証はない。

普遍性を偽装する

橋爪　今は大衆文化のことを言ったんだけど、精神文化のことを考えてみると、これもやっぱり微妙です。

いちばん問題になるのは、資本主義と民主主義ですね。キリスト教が、プロテスタンティズムが、世界に受容されないのはほぼ明らかですが、ではそれが世俗化した、資本主義と民主主義が受容されるかどうか。これは、二一世紀の大きなポイントですね。

大澤　なるほど。ほぼ賛成というか合意できる内容なんですけど、アメリカの普遍性と特殊性は——普遍性と特殊性は表裏一体なんですが——ちょっと他の地域の文化的コンテクストでのそれらとは別物だと思うのです。たとえば、「日本で、柔道という格闘技が生まれた。そこには、日本の伝統的な武道のマナーやエートスが浸透していて、かなり特殊である。しかし、たとえば体重別で競い合うとか、いろいろと世界標準にあうように、ひどく特殊な部分を削って妥協していけば、世界中に普及し、今ではオリンピック種目にもなっている」。こういうケースだと、特殊性と普遍性はトレードオフの関係になっている。しかし、アメリカの文化に関して言うと逆で、特殊性と普遍性が、いわば相即する。つまり、あまりに普遍的であろうとしたがために、逆に特殊なものになってしまっている、そのように思うわけです。

もっともわかりやすい例はアメリカンフットボールです。フットボール系のスポーツというのがあって、その代表は、もちろんサッカーとラグビーです。ほかにホッケー、アイスホッケーなどもそうですが、だいたいイングランドで生まれました。サッカーは、特に、世界でもっとも人気のあるスポーツですが、なぜか、アメリカではさして人気がない。代わりにアメリカには、アメリカでつくられたアメフトがあるわけです。アメフトは、サッカーやラグビーといったフットボールの普遍化の産物だと思うのです。サッカーやラグビー、とりわけサッカーは、どこか土着性のようなものを残しています。時間の測り方などに現れるように、ルールもアバウトです。そういう曖昧な部分を全部、きちんと標準化したり、精密化したりして、ルールを整え、さまざまなフットボールのいろいろな要素を取捨選択して、完成したのがアメフトです。それは、世界中のどこで誰がやっても、コンテクストフリーで同じようにできるように厳密に標準化されているのです。いわば、普遍化されたフットボールです。

だから、世界中に普及しているかと言うと、逆です。ほとんどアメリカでしかやられていない。普遍化したことで、かえって特殊なものになってしまったのです。逆に、土着性、ローカリティの根をはっきりと残しているサッカーのほうが、ずっとグローバルなスポーツとして普及している。アメフトと同じようなことが、バスケットボールやベースボールについても言えるのですが、もうやめときましょう。

いずれにせよ、こういう大衆文化であればある程度は他愛のない話ということになりますが、資本主義と民主主義についても同じようなことがいえる。アメリカ仕様の資本主義はある意味で普遍的です――というか普遍性を偽装します。しかし、そうであるがゆえに、特殊でもある。アメリカにしか、ほんとうにはできないところがある。にもかかわらず、同時に、私たちは、それが普遍的である、というゲームを受け入れざるをえない。苦手なのに、アメフトで勝負をさせられるようなものです。

選ばれた国なのか

橋爪　アメリカが選ばれた国なのか、つまり、特別な国なのか、それとも、ほかの国々と横並びなのか、という点についてはどうですか?

大澤　アメリカ人は自分が選ばれているという意識があると思います。なければそこまでできない。客観的に見ればわかりませんけど、予言の自己成就みたいなことがあって、選ばれているという自己確信をあそこまでもてる人たちはいないわけです。

というか、厳密には、選ばれているかどうかはほんとうは人間にはわからないということが基本前提です。普通の国の人だと、この前提のゆえに、自分が選ばれているかどうか確信をもてない、ということになるわけです。しかし、アメリカの場合には逆に、まさにそれゆえに自分たちは選ばれているという強い自己確信をもつ。そのおかげであれだけのことができるというわけで、結果的にアメリカだけが特殊だということになったと思いますね。

橋爪　ユダヤ民族（イスラエルの民）は、選ばれているという感覚をずっともっているじゃないですか。それは、預言者がほかの民族には現れていないこと、自分たちが信仰を守っているること、を意味する。ユダヤ民族はべつに、世界一じゃなくてもいいんですよ、選ばれていればいいのであって。

大澤　ええ、神から見ればね。

橋爪　世界一になるとしても、それは神が直接介入した場合に実現するのであって、自分の力で世界一になるわけではない。

さてアメリカが選ばれているということがどうやって確信されるのか。ユダヤ教と違って、イエス・キリストの福音は人類全体のものだから、キリスト教をアメリカが独占することはできないはずです。現にヨーロッパにも、ラテンアメリカにも、たくさんのキリスト教国があります。じゃあなぜ、キリスト教のごく一部分なのに、アメリカが選ばれているのか。ユダヤ人のように、素朴に単純に信じるのは無理である。

大澤　そのとおりですね。

橋爪　新大陸だから選ばれているのか。たしかにアメリカは新大陸にいるけれども、ラテンアメリカだって全部そうでしょう。これも基準にならない。

世界一のアメリカ

橋爪　とすれば、残ったのは何かというと、「世界一」ですね。

はじめアメリカは、世界一ではなかったはずですけど、選ばれたという強烈な確信があった。世界一よりも「世界最初」のほうが、原点だったのではないか。世界最初の唯一の信仰共同体。世界最初のアメリカ合衆国、民主主義。世界最初のフルトンの蒸気機関やエジソンの電球や、ハーバード大学や、さまざまなアイデア。こっちが原点だと。

けれども、アメリカのような資源豊かな場所で、世界最初をやっていたら、世界一になった。二〇世紀になると、世界一の連続ですね。誰もがアメリカを世界一だと思っているし、今でも世界一ですけど、でも経済は、やがて中国が世界一になるはずだ。二一世紀、アメリカはつぎつぎに、世界一の座を手放すはずです。それでも最後まで残るのは、「世界最初」だろう。つまり、もっとも科学が発達した国、もっともアイデアが現実化していく国、という点ではないか。科学技術や大学に、アイデンティティを求めていく方向になっていくと思う。

科学技術は、フロンティアなのですね。フロンティアが残されている。これさえもなくなると、アメリカのアメリカらしさは追いつめられ、ついに解体するような気がする。それが「選ばれている」ことの証拠だったから。

選ばれているというのは、アメリカのアイデンティティの核心ではないだろうか。

大澤　しかしクリスチャンであれば誰だって選ばれたいわけですね。ラテンアメリカだってクリスチャンですけど、彼らはカトリック。彼らだって神に選ばれて、神の国に入りたいと思っているはずですが、しかし、なぜかアメリカほどの迫力はもてない。

アメリカが世界一になったのは、ある程度、先ほどものべたように予言の自己成就だと思います。自分が選ばれているはずだという確信があるために、世界一にもなったし、世界初にもなりえた。ただ、本人たちは、この因果関係を逆に使うのです。選ばれているがゆえに、世界一になれたとか、世界初のことができた、と。

ただ、世界一とか、世界初とかは、選ばれていることの根拠ではないし、唯一の証拠でもない。言ってみれば、状況証拠のようなものだと思うんですね。客観的には、世界一になれたので、選ばれていると納得しているのではなく、選ばれているという自己確信が、しばしば世界一や世界初を可能にしてくれている。つまり、選ばれているという確信をもたらす原因は、世界一にはないと思います。ゆえに、二一世紀の中盤・後半になって、「アメリカが世界二」というジャンルが減ってきたとしても、そうかんたんには、アメリカ人の選ばれている、という確信は消えないように思います。

キリスト教の土着化なのか

大澤　ただ私が不思議に思っていることを言っておくと、ユダヤ教の段階から何千年のスパンで考えたときに、ユダヤ教、キリスト教、さらにプロテスタントが出てくるという流れの中で、他の宗教にない独特のポイントは、マックス・ウェーバーが言ってることですけど、「苦難の神義論」だと思うんですね。普通、宗教というのは、「幸福の神義論」がベースになっているんですね。こういうふうにすれば幸福になれる、何かいいことがある、救われる、そういうことを説くのを基本としている。苦難の神義論というのは、信仰篤い人がどうして不幸になるのか、苦難に陥るのか、ということに答えるということです。たとえば、神と契約しているユダヤ人ばかりが苦難の連続で、異教徒が栄えているように見えるのはどうしてなのか。これに答えられないと、神そのものの権威が疑われてしまう。

苦難の神義論をベースにしていた、というところが、ユダヤ教―キリスト教の顕著な特徴だ、というのがウェーバーの着眼点だと思うのです。予定説は、苦難の神義論への回答の最終ヴァージョンです。立派そうな人、義人に見える人が不幸なことになったとしても、それは神が予定していたことです。そして、神が何を意図しているのかは、結局、人間にはわからない。予定説は、苦難の神義論に答えないことが答えだ、みたいな論理ですが、そうであるがゆえに、最強の回答です。そして、この予定説を重視した改革派こそ、今日の対談の最初のほうで出てきたように、アメリカ建国のベースを築いた人たちです。しかし、結局、アメリカで主流になった精神は、典型的な、かなり強力な幸福の神義論です。正しいことをしていれば、あるいは頑張れば成功するんだと。この世俗ヴァージョンがアメリカン・ドリームというやつですね。苦難の神義論が幸福の神義論へと反転したわけです。幸福の神義論だけ見ると、ある意味、ごく普通です。ほとんどの宗教は幸福の神義論に基づいているわけですから。しかし、私は、アメリカで栄えている幸福の神義論は、苦難の神義論に媒介されたものだ、ということを押さえておかないといけない、と思うのです。それは、どこにでもある幸福の神義論の否定の否定の結果です。

たとえば森本あんりさんは、キリスト教がアメリカで「土着化」したという。外来の宗教や思想が土着化するということは、世界中でよくあることだと思うんです。儒教が日本で土着化したとか。ただアメリカの場合は土着化という言い方がそぐわない感じがする。アメリカに入植する前にもちろんネイティブ・アメリカンがいますけれども、アメリカの社会の受け入れのためのベースにはなっていない。もちろんアメリカ独特の自然環境があって、それに適応したりしたということがあるでしょうが、しかしもともとアメリカに大きな社会があって彼らの文化的コンテクストの中にキリスト教が入っていったわけではなくて、キリスト教の内在的な論理だけで変わっていっているわけですから、キリスト教の土着化という言い方はあまり適切ではない。そこには「土着」の「土」はないんだから。

橋爪　そうですね。

大澤　いずれにしてもアメリカにおいてキリスト教のもっともラディカルな部分、宗教改革から始まり、一六、一七世紀くらいに出てきたラディカリズムが、アメリカに行ったことでポテンシャルを開花させると同時に、元々のものと表裏が反転したようなものになっていった。そういう不思議があると思います。

9　トランプ大統領の誕生は何を意味しているのか

福音派の台頭

橋爪　さて、ここまで話してきたことを踏まえると、トランプの登場とは何なのか。

その背後には、宗教右派の存在があります。福音主義（エバンジェリカル）と呼ばれる人びともいる。

福音派とは、簡単に言うと、「聖書は神の言葉である」と信じている人びと、です。

当たり前に思えるかもしれない。ふつうのキリスト教とどこが違うのか、と。ちょっと違うんです。

世の中には、本がたくさんあるでしょう。科学の本、料理の本、文学の本、哲学の本、……。こうした書物は、人間が書いた本（人間のわざ）です。それに対して聖書は、神の言葉が書かれた本で、別格（神のわざ）です。よって、科学や哲学が、聖書と矛盾した場合は、当然、聖書のほうをとる。これが、福音派なのです。

福音派でない、ふつうのクリスチャン（主流派）は、近代的で、科学や哲学を信頼しますから、聖書を鵜呑みにはしないのですね。ここが違います。

大澤　なるほど。

橋爪　福音派を突きつめた、原理主義（ファンダメンタリズム）という立場もあります。この立場の人びとは、聖書のどの行も、神の言葉で、文字どおり正しい、と考えます。そこで、「血を飲んではいけない」とあると、「じゃあ、輸血もいけない」と考えたりする。こういう読み方を、逐条霊感主義というのですね。

福音派は、そこまでではないが、聖書が「全体として」神の言葉だと考える。そこに何が書いてあるかは、福音派の牧師や伝道師に教えてもらいます。

福音派は、まえに名前が出た、ユニタリアンと反対の立場ですね。ユニタリアンは、自然科学のような、人間が理性を使って世界を解き明かす努力を、評価します。文学や哲学も、評価します。そうすると、聖書からそのぶん、離れることになります。福音派は、それはいけないと、聖書に踏みとどまろうとする。アメリカを、自然科学や哲学が動かしているのは、間違っている。聖書を大事にしなければ、という、保守的な立場。後退戦なのですね。

大澤　なるほど。

橋爪　福音派はそういう意味で、反動なんです。失業した労働者、田舎で取り残されている人びと、などを基盤とする。民主党と共和党の、得票を比べてみると、東海岸と西海岸が、民主党の支持基盤です。産業が発達し、都市化の進んだ地域です。それに対して、残りの中西部がだいたい、共和党の地盤になっている。福音派が盛んな地域と重なるのですね。

トランプと福音派

橋爪　トランプと福音派は、なぜ親和性が高いのか。

トランプは「メイク・アメリカ・グレイト・アゲイン」と言った。アメリカは今、グレイトでも世界一でもない、ということでしょう。するとアメリカが、選ばれた国なのかどうか、疑問になるわけです。

「アメリカは、世界一でなくてよい。イノベイティブで、クリエイティブであれば、アメリカはアメリカなのだ。」でもクリエイティブであるには、教育も知性も必要です。これは、東海岸や西海岸の人びとの考え方なのです。

でも中西部の人びとは、あまりクリエイティブではない。世界一でなくなったうえに、世界最初であることもできない。ならば、メイク・アメリカ・グレイト・アゲイン。世界一でも世界最初でもないけれど、とにかく自分たちは選ばれていて立派だ、と言い張る。

大澤　原理主義者は聖典に書いてあることを文字どおり取る人たちであるとして、昔、イスラム教の専門家と話したときに、「そういう定義をされてしまうと、イスラム教徒って全部原理主義者になってしまう」と言うのですね。キリスト教の場合は、聖書を重視するにしても、それを文字どおり取る態度も、もうちょっと寓意的に解釈してディテールは気にしないとか、基本的なことだけ信じれば細かいことは問わないという態度も可能です。これは、同じ神の言葉であっても、コーランは、ほんとうに正確に神の言葉の写しであるのに対して、聖書は、神の言葉についての人間の言葉だという違いが関係しているかと思います。いずれにせよ、聖典を「文字どおり」という言い方を、イスラム教にも同じように当てはめることはできないのではないか、という見解ですが、そのへんはどうですか。

橋爪　原理主義とは、キリスト教から出た概念で、それをイスラム教に当てはめるのがそもそもおかしい。

イスラム教は、原理主義的ですね、ある意味で。コーランを法律として実行しているから。でもこれは、行為のレベルなんですね。

キリスト教の場合には、聖書は法律ではない。そこで聖書を文字どおりに受け取っても、社会生活は変化しない。従っている法律は世俗法であり連邦法であり、信仰がない人びとと一ミリも変わらない。イスラム教とは同列に論じられない。福音派の人びとと、リベラルな民主党の人びとと、実際の世俗の行動は一ミリも違わないのです。

大澤　キリスト教徒であれば聖典に書いてあることをそうそう細かく気にすることがなくても「私はキリスト教徒です」と言うことができるが、イスラム教徒だったら「それはお前、イスラム教徒じゃないと言ってるに等しいぞ」ということになってしまう。逆に言うと、キリスト教はそういう信じ方ができるということだと思うんです。聖典があるんですけど、聖典に対してそういう弾力的な関わり方ができるんですよね。

考えてみると、ここには歴史の逆説みたいなことが働いていて、ルターの主張のもっとも重要なことのひとつが、「聖書のみ」ということですよね。宗教改革は、聖書にすごく原理的に関わるということからスタートしているんですけれども、そこから出てきた流れに、もちろん福音派みたいなものもありますが、他方でテキストに対してすごく弾力的に関わることができる人たちも生まれてくる。プロテスタントにおいては、カトリックよりも徹底して聖書のみになったのに、逆に聖書から自由な信仰がそこから出てきた。歴史の展開の不思議さみたいなものを感じます。

福音派は減っていくのか

大澤　それからこれは質問なんですが、橋爪さんがおっしゃったことで現実はだいたい説明できると思うんですけど、たとえば将来的にグローバル化がより進んで、中西部の人たちにもいろんな情報が行きわたって世界の情勢について理解できたとすると、さすがにそんな原始的なことを言う人は減ってきて、福音派はだんだん減ってくることになると考えてよろしいんですかね。遅れを取り戻せば何とかなるのでしょうか。

橋爪　福音派はしばらく前に増えて、今は横ばいなんです。それは、中流階級の解体と関係ありますね。五〇年代、六〇年代、アメリカ経済は上向きで、人びとは豊かになった。ベトナム戦争とヒッピー文化を挟んで、中流階級はまたもち直した。

大澤さんがアメリカにいたのは、九〇年代ですか？

大澤　九八年、九九年ですね。

橋爪　その頃、中流階級は元気がなかった？

大澤　クリントンの時代ですね。今よりはずっと元気でしたね。

橋爪　五〇年代、六〇年代、アメリカ人は日本人よりいい服を着ていた。そのうち、日本人もいい服を着るようになった。最近のアメリカ人は、量販店の服ばかり着ている。中流階級がじり貧になっているなと思います。

これには、いろいろな要因があるけれど、もともとアメリカは給与ベースが高かった。それが、日本や中国、途上国に追い上げられ、家具や家電や、大衆向けの消費財は海外の輸入品になった。国内の製造業は空洞化してしまって、ごく一部の先端産業に集中しています。単純労働も、メキシコ人や不法労働者の割合が多く、学校を出ても職がないという人びとがとても多い。ふつうにしていたんじゃ、生活のメドが立たないという、この感覚が続いている。福音派のベースになっているのはこういう人びとなので、これは当分続くのではないでしょうか。

アメリカの中流階級がこの先、復活するとは思えません。情報が入れば入るほど、むしろフラストレーションは高まるでしょう。

大澤　そのフラストレーション、不遇感に対する代償として、聖書を文字どおり信じる。

橋爪　選ばれているという感覚が、不遇感を埋めるわけです。

大澤　そのために聖書に対する、宗教に対するやや原理主義的な態度が生まれる、と。

橋爪　聖書に対する「過剰な」信仰が、自分の日常生活の根底にあるプライドを支える構造になっている。宗教としてはちょっと、ルール違反です。

大澤　そういう社会心理的なメカニズムが働いている気がしますね。

アメリカは、二つある？

大澤　ちょっとアメリカ人にとって意地悪なことを付け加えておくと、こんなことを思うんですよ。選挙の結果を見ればアメリカは両海岸側で民主党支持がある。そして中西部に共和党支持があって、その中にバイブルベルトなんかもある。このように、ひじょうに明白な色分けがされているから別々になって二つの国になればいいのにと思うことがあります。ユナイテッド・ステイツ・オブ・デモクラティック・アメリカと、リパブリック・アメリカみたいになればいいじゃん、と。

しかし考えてみれば、これはもちつもたれつの関係である可能性がある。どういうことかというと、ほんとうは世界中の人がもう本気でキリスト教なんて信じてないんだけど、アメリカ人だけ本気に信じている。そのアメリカ人が本気で信じているということを前提にやっているゲームを、世界中の人が採用しているのです。けれども、実は、ほんとうはアメリカの中でも本気で信じている人は一部です。その「一部」にあたる人が、エバンジェリカルの人たちです。ちょっと啓蒙された人たちは、キリスト教に対して、半分「なんちゃって」の乗りでかかわっている。というと不謹慎ですが、たとえば、世俗的な知に妥協して、ユニタリアンになったりする。

キリスト教に対して、このように距離をとった態度でなおコミットできるのは、キリスト教を本気でべたに信じている人がいる、という想定がなりたつからです。たとえば、何度も使った例をまた利用すると、自分は死後の世界なんて信じていなくても、故人の冥福を祈ったりできるのは、自分はともかく、死後の世界をほんとうに信じている人がいるからです。同じように、キリスト教に対して、独特の距離をとりながら、啓蒙的な知識との両立をはかれるのは、キリスト教を本気に信じている人がいるからです。アメリカの知識人の中に、「あいつらは進化論も信じられないなんて困ったものだ」と福音派の悪口を言っている人もいますが、ほんとうは彼らがいるおかげでお前は救われているんじゃないか、という可能性もあると思ったりもします。

橋爪　哲学と比べてみます。

哲学は、カントがたった一人いるだけで、デカルトが、ヘーゲルが、マルクスがたった一人いるだけで、すごいパワーになるじゃないですか。福音派は、五千万人とかいるわけです。カントに比べるとめちゃめちゃ人数が多い。

大澤　しかもわりに普通の人たちですからね。

橋爪　そうそう。だから支えるのに十分な人数だと思うんですよ。

大澤　そういう人びとがアメリカにいるというのが重要だと思います。どこか別の所にいたら、そういう機能を果たさないんです。アメリカのお荷物のようなことを言われているけれど、彼らがいるおかげでアメリカのかっこいいところもやれるという構造になっているのではないか。

橋爪　アメリカの先端的な部分とは要するに、大学じゃないですか。大学はもともと、キリスト教の各宗派を基礎に、できている。今は世俗化して、サイエンスばかりやっているんだけど、それでもどこかに、福音派に通じるキリスト教っぽい要素を残している。これが両方あって、アメリカができているというのはおっしゃるとおりです。

ここはひじょうに、重要なところなんです。大学のほうは、日本人にもわかりやすい。福音派のほうは、わかりにくい。でもその両方がわからないと、いけない。

トランプが出てきて、「福音派がわからないと、アメリカがわからない」ということがやっとわかった。

大澤　私たちがわかったような気になっている部分も、ほんとうはわからない部分とセットになった現象だということをはっきりさせておく必要があるわけですよね。私たちにとって不可解な部分がむしろコアであり、基本前提であることを押さえると、一見アメリカ人のごく普通に見える行動でさえも、全然普通じゃないということがわかってきます。

橋爪　大澤さんが岩井克人さんの例を挙げてくれたとおり、経済学も実は全然、日本人が思っている経済学じゃない。それを言えば、文学も美術も何もかも、日本人が思っているようなものじゃない可能性が、大ですね。

大澤　経済学みたいにいちばん世俗的なものでさえも、本人たちも意識せずに神学的にそれをやっていたということを発見したわけですからね。

橋爪　ましてや政治は完全に、キリスト教が前提です。

大澤　経済ですらそうなんだから、いわんや政治をや、です。

II

アメリカ的とはどういうことか

1　プラグマティズムから考える

プラグマティズムの新しさ

大澤　ここまでキリスト教を土台にしてアメリカについて考えてきましたが、ここからはきわめてアメリカ的な思考、アメリカでしか出てこなかったプラグマティズムという思想に目を付けて、アメリカのアメリカ性を浮かび上がらせてみたいと思います。

アメリカは、ここまで話してきたように、ものすごくキリスト教的な文化なんですが、同時にこれほど世俗的なものはないようにも見える。これほど宗教から縁遠い人たちはいないのではないかという気もすることがあるのです。その両局面をどのようにひとつの視野におさめられるかということがわかるとアメリカがわかってくるわけですが、その繋ぎ目になるのがプラグマティズムだというのが私の見通しです。

橋爪　賛成です。

大澤　プラグマティズムには、パース（一八三九〜一九一四）、ジェイムズ（一八四二〜一九一〇）、デューイ（一八五九〜一九五二）といった重要な思想家がいます。いちばん最初はパースなんですけど、実際にプラグマティズムという語が人口《じんこう》に膾炙《かいしや》するようになったのはジェイムズのおかげです。ジェイムズの「プラグマティズム」という連続講義がひじょうに成功を収めてプラグマティズムという哲学が広まったんですね。

ジェイムズがこの講義をしたのは一九〇六～〇七年です。だから二〇世紀の初頭。

その頃初めてジェイムズは無名の哲学者であるパースを紹介するという形で「プラグマティズム」という言葉を出しますが、パースがこの言葉を発明したのは一八七〇年代、南北戦争が終わってちょっと後くらいのときです。おそらく、アメリカの植民地に置かれていた人たちの実感みたいなものが最終的に自覚されたときにプラグマティズムという哲学として成熟しているのであって、プラグマティズムという言葉の発明よりもプラグマティズム的な発想のほうが古いと言えます。

さて、プラグマティズムのポイントは、ある概念によって何が意味されているかを考えるときに、その概念の対象がどのような結果を我々の経験にもたらすかということが決定的に重要だということです。それが我々の経験にとって良い結果をもたらすのであれば、それは真である。思うような結果をもたらさないならば、それは偽である。そのように考える。つまり、私たちの経験においてどのような結果をもたらすかがその概念の意味するすべてである。

これはどんな教科書にも書いてあることですが、ちょっと聴いただけで、我々が知っているそれ以前の哲学・思想と圧倒的に違うという感じがします。哲学というのは、何が真であるかや何が善であるかということを考えていくわけです。自分たちが経験していることがそのまま答えになるならば、そもそも考えなくていいのではないか、ということになります。

我々の経験そのものによってはすぐに真であるか偽であるか判定できない、ほんとうの真というのは我々が現に経験していることはどこか違うところにあると考えるがゆえに哲学は可能だった。そんなお手軽に済むんだったら哲学なんて必要ない感じすらする。それほどまでにまったく新しい発想なのですね。

橋爪　プラグマティズムは哲学なのか、という問題ですね。

プラグマティズムが現れ出たときには、それまでの哲学と違う「新しい哲学」だと、みなが受け取ったんだけど、ほんとうにそうなのか。

歴史上ときどき、新しい哲学が現れます。それは哲学の、主張として新しいのであって、新しい内容を主張してそれ以前の哲学を乗り越えようとする。ところが、プラグマティズムは、そういうふうになっていない。ということは、ある意味、哲学では「ない」ということですね。

それは、哲学なのか

橋爪　このことをもう少し考えてみます。

哲学はまず、神学から出てきた。神学の付属物だった。神学は、信仰を補強するためのもので、正しさの源泉は神にあります。人間があれこれ考えても、正しさの秩序はびくともしないので、それはあらかじめ決まっています。

さて、哲学が、神学と分離しました。哲学には、哲学のルールがある。そこでは、人間と人間が戦うんですね。でもその前提は、誰がどう考えようとも、この世界には真理がすでに存在していて、それを正しく考える哲学者と、間違って考える哲学者がいる、ということ。どちらが正しいか、決着をつけようと、論争するのです。

つまり、神学がドグマ（証明ぬきに正しいこと）でできているとすると、哲学はドグマと別の、真理を追究する。真理は人間が模索するものだから、当面複数あり、そのどれが正しいかを決着する、という手順をとる。それで、存在とか認識とか、そういう概念や手続きがあるんですね。

で、プラグマティズムが言っていることは、こうです。何か真理があるらしい、複数あるらしい。それはどっちが正しいか、決着しないでよろしい。自分は、その真理が語られるのを聞いて、自分の生活にプラスであればそれは受け入れ、マイナスであれば受け入れない。そういう生き方をするのでよろしく！　そういう宣言なのです。

大澤　なるほど。

それは生き方なのか

橋爪　さて、ドグマや真理と、生活の関係を見てみます。生活にとっては、ドグマや真理が存在してもいいのだが、それが最終審級ではないのです。最後に決めるのは、我々なんです。我々の生活は、体系的にできていなくていいし、ドグマで覆われなくてもいいし、真理でなくてさえいい。という態度なんですね。これは哲学なのか。ふつうの意味では、哲学ではない。でもこれが、哲学だと主張するのが、プラグマティズムです。

大澤　なるほど。

ジェイムズの神や宗教やドグマに対する感覚はそこまで割り切ってはいないんですね。パースの場合ははっきり言って唯一の真実というものがあると思っているふしがあります。ですから一挙に離脱するわけではなくて、プラグマティズムにも橋爪さんがおっしゃるようなポテンシャルがあることは確かなんですけども、そのポテンシャルが完全に引き出されるプロセスが重要だと思います。

どっちつかず

大澤　端的に言うと、プラグマティズムをとらえるときに宗教をどう考えるのかがひじょうに難しいのです。もちろん念頭にある彼らの宗教はキリスト教ですけど、一般に超越的なものを考えるときに、ジェイムズには限定的真理という言い方と実証的真理という言い方があります。つまり真理は二種類あるというイメージなんです。

実証的真理というのはごく普通の科学的な真理のことです。だから究極的な実在があって、その実在を映し出す真理があるという前提に立っています。限定的真理とは、先ほど橋爪さんがおっしゃったようなことです。良い結果をもたらすのであればその人にとってその限りにおいて真理ではないか、ということですね。こちらのほうがほんとうは重要で、ある意味で真理の否定なんですよね。真理というものの定義に反するけれども、それを真理と言ってもいいのではないか、という感じです。

なぜわざわざ限定的真理などと言い出しているかというと、逆に宗教を救いだすためでもあるんです。それぞれの人が神を信じているとする。神を信じることによってその人は精神の安定を得たり、やる気が出てきたり、人生に意味があるとつくづく思えたりするわけですね。そのときに伝統的な哲学や神学であれば神の存在論的証明に挑んだりするんですけど、プラグマティズムの場合、その人がそれなりに良い結果を得ているのであればそれは限定的真理と見ていいではないかとなるわけです。

ただ私が思うに、ジェイムズあるいはプラグマティストは、心の中ではほんとうはそれが真理だと言いたいんです。ほんとうはかつての神学や哲学がやってきたことを引き受けたいんですね。つまり限定的真理という言葉の重みは、「限定的」という謙虚な形容詞ではなく、「真理」というほうにあるわけです。真理を救いだしたいけれども伝統的な手法では救いだせないので、限定的経験に則した良い結果というところに目をつけるという順番になっている。だから、プラグマティズムの中に分裂する志向性があると思うんです。そういう二重性を押さえておかないといけない。

この二重性は、ジェイムズの『プラグマティズム』という本の中に、「軟らかい心」と「硬い心」という有名な言葉として出てきます。「軟らかい心」というのは、原理に従って合理的に考える、神学の伝統の強い大陸合理論みたいなものですね。デカルトとかカントとかが念頭にあるんだと思います。「硬い心」というのは、事実に従う経験主義者です。どちらかというと自然科学に好意的な経験論。

全体を読むと、ジェイムズは随所で経験論のほうに肩入れしているように見えます。しかし経験論が良くて合理主義がいけないと言っているかというと、明らかに最後のところでどんでん返しみたいな雰囲気で書いている。結論的に言うと、両方を取りたいわけです。

神学の濃厚な匂いを残している合理論の流れに明らかに限界があることは考えていて、経験論に相当な肩入れをしているんだけど、最後にもう一回合理論がもっている宗教的なものを救いだしたいという気持ちがあって、その両方を救いだせるのがプラグマティズムだというわけです。

橋爪　二重性といえば二重性です。でもそれを二重性というふうに言い切ってしまうと、プラグマティズムという思想の活力がなくなるような気がする。だからここは慎重にいきたいと思います。

真理の押しつけ

橋爪　信仰に真理が内在する、という考え方と、真理は複数あるんだからそれは個々人の問題で、社会全体として結論はなくていい、という考え方。これが、プラグマティズムが格闘している問題ではないか。

日本人は歴史上、こういうことをあまり深刻に考える必要がなかった。それが、プラグマティズムを切実に考えられなかった理由だと思います。

大澤　もちろんそうですね。

橋爪　宗教改革もなかったし、宗教戦争もなかった。教会と世俗勢力が衝突することもなかった。

日本の読者に、いま大澤さんがのべた状況を、わかりやすく説明しようと思うと、例が二つ思い浮かびます。ひとつは、創価学会。もうひとつは、オウム真理教です。

創価学会は昔、折伏《しゃくぶく》ということを言っていた。折伏とは、自分の信仰が正しく相手が間違っているので、正しい信仰をもちなさいと、説得したり、圧力をかけたりすることです。この考え方は、日蓮宗の中にもともとあった。この構造は、キリスト教の福音とまったく同じです。折伏や福音は、宗教共同体をつくりだすことができる。宗教としては正攻法ですが、社会の現状に合わない面があります。

オウム真理教も、自分たちが正しく相手が間違っていると考え、日本全体をオウム真理教にしようとした。これも、真理はひとつである、という考え方ですね。これを、暴力的にやろうとしたのは、ご存じのとおりです。

日本国民はオウムに、拒絶反応を示した。まっぴらだと思った。真理はひとつでなくていい。つまりこの問題を、いちおう考えてはいるんです、この問題だと気がつかずに。そして、プラグマティズムの側に立っているのだと思います。

大澤　なるほど。おっしゃることはわかります。真理は本来ひとつであるという大前提と、真理は経験ごとに多様であってよいという側面。後者に着眼しているところがプラグマティズムのそれまでの西洋哲学にはない決定的な特徴です。そこで、先ほど紹介したように二種類の真理ということになるわけですが、本音からすると、この二種類を放置してよいと思っているわけではなく、なんとか両者の間の緊張関係を克服し、止揚したいと思っているわけですね。しかし、この隠れた本音が日本人にはわからないのだと思います。

2 プラグマティズムと近代科学はどう違うのか

経験は真理を導くか

大澤 さて、プラグマティズムが西洋のものの考え方の中でどんなに革新的だったか。もう少し西洋哲学全体から見ておきたいのですけれども、私はこういうふうに思っているんです。

私たちは科学革命よりずっと後の時代の西洋思想を受け入れながら生きているのでピンときていないですけれども、神学とまだ一体化していた中世の哲学においては、はっきり言えば、人間の知性と経験とは関係ないんですよね。それを分けるところがポイントです。

プラグマティズムは経験のほうに真理性の基準を置いた点に独特なところがあるわけで、経験を通じた認識から真理というのは出てくると思ってるのですが、中世の哲学は——中世の哲学者はアリストテレスから解釈する形でやっているのである意味でギリシア哲学もそうですが——、真理の認識（知性）と経験とをはっきり分けています。

知性というのは、中世ではひじょうに重要な言葉ですが、ギリシア語で言うと「ヌース」です。経験にあたるものは、「プシュケー」の意味の中に包摂されていて、これはずっと後にカントの「判断力」に化けます。

知性というのは、率直にいえば、神の能力なんです。ただ、神だけが知性をもち、真理がわかるというわけにはさすがにいかなくて、神から恩寵を受けている人が知性をもっている。知性と経験とではどこが違うのか。やや詩的に言えば、知性は苦悩しないんです。それに対して経験というのは苦悩を感じたり喜びを感じたりする。もっと別の言い方をすれば、知性と経験とのいちばんの違いは、知性は単一であるということです。経験はバラバラです。仲間内での共通性をもって、コモンセンスになりますが、根本的な唯一性とか普遍性がない。個人間で多様である。だから、しょっちゅう変わるし、先のことは読めない。

これは後々、近代哲学の中ではカントの「物自体」と「現象」という二分法に繋がります。カントは現象（つまり経験）のほうから認識を見ていったわけですが、ここにある種の画期的な転換があって、プラグマティズムを呼び込む予兆がここにあります。ともかく、知性と経験とは別のものであって、それを混同しないということが西洋の古代・中世の哲学・神学のもっとも重要なポイントだったわけです。

そのことを考えると、経験における有用性から真理にせまるプラグマティズムはその西洋哲学の伝統をある意味で全否定している。経験と知性の違いを示すわかりやすい基準がありますね。経験にとって、死は視野の外です。つまり死は絶対に経験できませんね。経験は、死という限界をもっている。知性の場合は死なないんです。知性にとっては、死が限界になるということがない。経験というのは死という限界をもっており、その死に向かうプロセスが苦悩です。そうした苦悩と無縁である知性によって真理が認識できる。それが西洋の中世以来の伝統ですが、プラグマティズムはその前提を完全にひっくり返す構造になっている。ここがまず言っておきたいことです。

橋爪　とても正しい。

でも、プラグマティズムの前に、自然科学がそれをやったような気がします。

大澤　はい、普通はそうなるわけです。科学革命をつうじて近代科学が生まれます。大きく見れば、先ほど言った中世の哲学があって、プラグマティズムがあって、その中間に科学革命、近代科学がある。近代科学が、プラグマティズムよりずっと前に中世以来の伝統を破っている。それは一面では正しいです。そうなのですが、プラグマティズムのほうから見ると、近代科学はまだ西洋の伝統的な思考の内部にある。言い換えれば、近代科学とプラグマティズムの違いに着目すると、西洋の伝統的思考とプラグマティズムとの違いが際立ってくると、私は思うんですね。つまり、近代科学というものをどう評価するかによってプラグマティズムの見え方もちょっと変わってくる。

経験は信頼できるか

大澤　それはどういうことか。

中世というのは、真理性の基準が聖なるテキストにあるわけです。聖なるテキストをちゃんと読み、解釈すれば真理に至る。言葉による論証ですね。それに対して近代科学は、事物に対する経験の中に真理の基準があるというふうに見る。もうあと一歩でプラグマティズムだと思えるのですが、近代科学が出てきたときの状態を考えると、単純に中世から科学革命を経て真理性の基準がテキストから経験に変わったというのは、事柄の本質を逸しているのです。

ジョルジョ・アガンベンというイタリアの哲学者がこんなことを言っています。一七世紀くらいに科学革命が起き、近代科学が生まれた。中世では知性の主体と経験の主体とは存在論的な身分が別です。それに対して科学革命は、真理を認識する知性の主体と経験の主体とを重ね合わせた。そういうふうに考えると、今まで真理から遠ざけられていた経験というものがいよいよ真理の基準になったと思うかもしれません。しかしここで生じていることは、むしろ逆で、経験というものに対する不信感だと、アガンベンは言う。

つまり、よく見てみれば、ある意味では中世の人びとよりも、科学革命の時代の人たちがもっていた経験に対する不信感のほうがずっと大きいのです。そのいちばんの証拠はデカルトです。デカルトは科学革命の時代の人ですね。人間が経験していることが実は真理ではないかもしれないということに対する、彼のほとんど強迫的なまでの反省というのがあります。ちょっと病的なくらいですが、でもデカルトだけが例外だというふうには見えないんですよね。

教科書的には、デカルトとフランシス・ベーコンを対比することになっています。デカルトは方法的懐疑というものによって、あらゆる経験はもしかすると真理性を疎外しているかもしれないと考える。究極的には、「私は考えている」という事実、内容をもたない経験の形式以外には何も真理の基準がないというところまでいってしまうわけです。それに対してベーコンという人は、帰納法というものを定式化した人ですから、経験から真理を導きだす方法について考えていた。ですから、デカルトと対比しつつ、近代的な経験科学の道を拓いた人だと言われている。

でも、よく読むとベーコンはむしろ、デカルトほど病的ではないにしても、人間の経験を信頼していないのです。信頼できない経験からどうやって真理を引き出すかというのがベーコンのやり方なんですね。

ベーコンというと、哲学史の教科書にもとづいた大学院入学試験風にいうと、「ベーコンの四つのイドラについて説明せよ」というような形で出てきます。四つのイドラ（先入観）というのは、人間の経験を誤らせる四つの基準があると言っているんです。独特な言い方ですけど、種族のイドラ、洞窟のイドラ、市場のイドラ、劇場のイドラ、の四つ。

種族のイドラというのは、人間が自然にもってしまう偏見です。たとえば、太陽が地球のまわりを回っているように見えるわけじゃないですか。実際は地球のほうが回っているわけだけど、我々の経験ではどうしてもそういうふうに見えてしまう。そういう、人間がもってしまう錯覚のようなものです。洞窟のイドラというのは、我々の習慣とか共同体がもっている偏見とかそういうものによる弊害。洞窟のような狭いところからものを見ているイメージです。市場のイドラというのは噂ですよね。噂話を信じてしまうと我々は間違ってしまう。劇場のイドラというのは権威です。権威を盲目的に信じてしまうので間違える。
つまり、経験というものがいかに真理から遠ざかっているかという基準を全部挙げていって、そのうえで経験からどうやって真理を引き出すかという問題意識です。つまり経験を信用していないのに、その信用できない経験から真理を引き出すということをやったのが科学革命なんです。結論的に言えば、そのために生み出されたのが実験という方法だと思いますね。

科学のどこが画期的か

大澤　先ほどのべたように経験と真理のいちばんの違いは、経験はバラバラで多様だということです。真理は唯一です。実験というもののポイントは、経験なのに誰がやっても同じ結果が出るということです。実験は経験のひとつなのに、経験の本質的な条件を克服しているのです。
経験というのは誰にも可能です。しかし――中世までの設定では――知性は神から恩寵を受けた人にしかない。普通の人には知性なんかないのです。だから真理は認識できない。だから聖書だって勝手に読んでもらっても困るわけです。ところが知性の主体と経験の主体が重なると、誰もが経験できるので、原理的には誰もが真理の認識に近づきうるということになります。

昔、科学革命について書いた本を読んでいてなるほどなと思ったんですけど、「コモンセンス」とか「コモンピープル」とか言うときの「コモン」という言葉がありますね。コモンというのはもともとは卑俗であるとか高尚でないということですから悪い意味だったんですけど、科学革命の時代からポジティブな意味に転換する。誰もが真理の認識の主体になれるからこそ、コモンであることが重要なんですよね。普通の経験はバラバラでひとつの真理にならないので、経験の単一性を保証するために実験という方法が出てきたわけです。

ついでに付け加えておくと、「コモン」という語の含みの転換がよく示しているように、知性の主体と経験の主体とが重なることは、真理というものが、内容の面で一般性をもつだけではなく、社会的な一般性をもつはずのものとして想定されるようになった、ということを意味しています。

ともあれ、経験の中から真理を引き出すという、本来は不可能なパラドクスを無理やり解いたのが科学革命。そういうふうに考えると、中世があって科学革命があってプラグマティズムがあって、だんだんと経験の地位が上がってきたとは単純には言えない。むしろ科学革命の時代に、中世よりも経験に対してもっとずっと深い不信感が現れている。その深い不信感を前提にしながら、経験の中から真理を導き出す方法を生み出したからこそ、科学革命は画期的だった。

そういうふうに見たほうが正しいような気がします。

橋爪　ここまでのところは、異論ありません。

大澤　きわめて重要なところなので繰り返しますが、アメリカを理解するためには、大陸ヨーロッパで出てきた神学・哲学の伝統とプラグマティズムとがいかに際立った対照性をもっているかをはっきりさせなくてはいけないのですが、間にある科学革命によってだいぶプラグマティズムに近づいてきた、のではなくて、プラグマティズムがもっている率直な経験への信頼というものが科学革命にはむしろまったくない。そこははっきりさせておきたかったのです。

宗教と科学の対立

大澤　もうひとつだけ付け加えておくと、中世では経験はほんとうの真理に対しては疎外されているのですが、それでもジェイムズの言う「限定的真理」はあった。具体的にいえば格言とか諺です。それはヌースから出てきた真理ではなくて、経験や判断力から出てきたものですが、それなりの真理性——というか擬似真理性——を認められていて、中世ではそこそこ権威があったんです。近代科学が出てきたときに、そういう格言や諺のような真理はほんとうの真理ではない、経験からほんとうの真理を引き出すにはどうしたらいいか、そのために実験という方法が編み出されたという流れだと思うんですね。

橋爪　日本では江戸時代、宗教も科学も、活発でなかった。だから日本人は、宗教と科学の衝突を、やっぱり深刻に経験しなかった。

ヨーロッパは、それなりに深刻に経験した。アメリカも、深刻に経験したと思うわけです。

ヨーロッパでは、科学は貴族の趣味みたいなものだったから、社会的影響力はほぼゼロで、貴族のサークルが内緒にしていればよかった。彼らが信仰を失っても、田舎で信仰生活を送っている人びととは関係ない。そうして生まれてきた、科学とも哲学ともつかないものが、啓蒙思想です。啓蒙思想は、宮廷を基盤にしていて、旧勢力と新勢力にまたがっている。いちばん盛んだったのが、フランスだと思うんだが、啓蒙思想って率直に言うと、無神論なんです。

大澤　そうですね。

橋爪　「私は無神論です」と言わない、無神論なんです。

大澤　啓蒙思想には神への敵意が隠れていますよね。

橋爪　そこで教会から、疑惑の目で見られる。なんでこんなに熱心にサイエンスや哲学をやって、教会には来ないのか。ほんとうは無神論なのじゃないか。でももう宗教裁判をする時代ではないので、自分は無神論だと言わない限り、取り締まることができない。信仰と科学の矛盾や対立は、社会全体の深刻な問題にならなかった。

大学と科学

橋爪　さて、ヨーロッパには大学がある。アメリカにも大学がある。アメリカの大学は、宗教と科学の接点になっていると思います。

アメリカの大学の特徴は、プロテスタントの各派が設置した、新しい大学だということです。大学は最初、牧師を養成するためのものだった。教義のうえで意見が違うと、別な大学ができます。ハーバードに対抗して、イエールやプリンストンができる、みたいになっている。

ハーバード大学の美術館で、「フィロソフィー・チェンバー」という展示をしていました。二〇〇年ぐらい前に使っていた、太陽系の模型とか、生物標本とかが並べてありました。牧師のタマゴの学生に、自然科学や哲学を教育していたんですね。早い話が、聖書に書いてあることは、必ずしも正しくない、ということです。各地の教会が献金で大学を支えているのに、一般信徒とこんなにギャップがあることを教えてよいのだろうか。でも牧師は、一般信徒の役に立つ説教をし、社会のリーダーであることを期待されているので、なんでも知らなくてはならないのです。科学と信仰が両立する。両立しなければならない。これが、アメリカの主流派のキリスト教なのです。

大澤　面白いお話ですね。

いちばん典型的に啓蒙思想らしい啓蒙思想が出てくるのは、おっしゃったとおり、フランスじゃないですか。そしてたしかに無神論に見えるんですね。どうしてフランスという文脈で啓蒙思想が出てきたかというと、率直に言えば、プロテスタンティズムがあまりなく、弱かったからだと思います。逆に言うと、プロテスタントというのはカトリックから見るとちょっと怪しいんですよね。「お前、無神論？」と言われたらプロテスタントの人は否定するに決まってますが、カトリックの基準からすれば無神論なのか信仰があるのか、ちょっとわからない状態に見える。ところがフランスにはプロテスタントがないので、いきなりカトリックに対して反抗しなくてはいけないわけで、それは結局無神論ってことか、と疑念をもたれるような状態になるわけです。

ただ啓蒙思想家たちも、もしもかなり緩めのプロテスタント的な基準で見れば、ある意味ではキリスト教を信じているんですよね。カルヴァン派はやめるけどキリスト教はやめないというのと同じような話で、彼らは無神論ぽく見えるけど、じゃあほんとうに彼らの世界に神がいないかというと、いるわけです、やっぱり。

いちばん典型的なのは先ほどから出ているデカルトです。デカルトはパスカルからお前は無神論者じゃないかと疑われるほど神から距離を置いているように見えるわけですが、そのデカルトにしてもコギトの確実性を最終的に担保しているのは神ですから、結局、究極的には神がいるということが前提です。だから、キリスト教は不思議なところがあって、キリスト教そのものの中にキリスト教と無神論との媒介みたいなものが入っているんですよね。

それから、主にアメリカの大学の特徴をおっしゃっていただいたんですけれども、考えてみると、大学というものほどヨーロッパ的なものはないんですよね。私たちにとっては、大学って国がつくった制度だったりするので日本国の中に大学があるみたいに思いますけど、ヨーロッパの重要な大学は国よりずっと古いわけですから、国単位のナショナル・アイデンティティよりも大学のアイデンティティのほうがよっぽど歴史的な厚みがあります。そもそもなぜ大学があるのか。元をただせば大学の基本的な使命というのはある種の神学教育にあるわけですが、だったらなんで教会だけではいけないのか。やっぱりそこに教会の教えに対するアンチテーゼ的なものがキリスト教そのものに内在していて、だから教会は常に大学で何が教えられているか気になるんですよ。異端的なことを教えられているんじゃないかと。とにかくそういう分裂がキリスト教の中に孕まれている。

その分裂がもっとはっきり出てくるのがアメリカの場合ですね。お話を聞いていて、アメリカの大学がもっている葛藤というのは、プラグマティズムがもっている葛藤と似ていると思いました。つまり、大学はそもそもキリスト教のそれぞれの宗派のためにあるわけですよ。しかし実際に教えることはもっと役に立つことなんですね、科学とか。プラグマティズムの人たちも本音では、やっぱりそれによってもっと強い宗教的な根拠が与えられると思っていたと思います。だけど実際には、プラグマティズムの実のある部分を取っていくと、宗教とは関係ない経験科学の基礎みたいなものになっていく。アメリカの大学が抱えてしまった二重性というものを思想のレベルに写像すると、プラグマティズムがもっていた運命と重なってくるなということを思いましたね。

橋爪　なるほど、そうですね。

3　プラグマティズムはどこから来たのか

先駆としての、超越主義

大澤　さて、中世以来のヨーロッパの精神の構えとプラグマティズムというのはひじょうに対照的であり、いかにも両者を媒介しているように見える科学革命を間に入れてみても、むしろ対照性が際立ってくるということがわかってきました。

そうすると、プラグマティズムはどうして出てきたのかということを改めて考えなければなりません。その元になる着想というか言語化される前の感覚は、アメリカの植民地経験の中で自然に出てくるわけですけど、プラグマティズムの前史として重要視されるのは、トランセンデンタリズム、超越主義ですね。これはどんな教科書でも出てくるんですが、私はいろんな教科書に出てくる書き方に不満があるので、ここで問題にしておきたいと思います。

それまではアメリカの思想は、基本的に言えばヨーロッパのものをそのまま輸入しているだけですから、そんなにオリジナルなものがなかったわけですけれども、一八三〇年代くらいになって初めてアメリカ独特の思想として、超越主義が出てくるんですね。一八三七年にR・W・エマソン（一八〇三～一八八二）が行なった「アメリカの学者」という講演がひじょうに有名です。「私たちの依存の時代、徒弟の時代」は終焉したというのです。西洋に依存したり西洋の弟子であった時代は終わったという、いわばアメリカの知的独立宣言です。政治的独立宣言のおよそ六〇年後ですね。

プラグマティズムの前に、このエマソンを中心とした超越主義の運動があったというのですが、この超越主義の中身を見ると、逆にむしろ驚いちゃうんですよ。何に驚くかというと、プラグマティズムとあまりに違うからですね。つまり普通に見ると、ヨーロッパの哲学・思想とアメリカのプラグマティズムとはかなり違うわけですから、間に超越主義があるとなれば、そこにはどこかプラグマティズムの予感があってちょうど中間のミッシングリンクを埋めるものになるって思いたくなるんですけど、考えようによっては超越主義ほどプラグマティズムと違うものはないという感じがするんです。

エマソン、そしてソロー（一八一七～一八六二）へと引き継がれていく超越主義というもののポイントはこうです。人間の精神にはある特殊な能力がある。私たちが日々見たり感じたりしている感覚的な経験を超えた、私的な直観みたいなものがあって、それによって真の実在は把握できるのだ、と。だから超越主義と言うわけですね。

そうすると、経験とは別のところに知性があるとは考えない、つまり経験を超えたところに真理や実在や概念の根拠を認めないというのがプラグマティズムであり、だからこそプラグマティズムはやがてヨーロッパに逆輸出されて論理実証主義などに繋がっていったりするわけですが、超越主義はまったく逆に、経験を超えた人間の能力というところにポイントがあるんです。これほどプラグマティズムと違って見えるものはないですね。プラグマティズムが生まれるちょうど一まわりくらい年長の世代がつくったアメリカ独特の思想は、むしろプラグマティズムと正反対のものに見える。これはどういうことなんだろうか。

橋爪　興味ぶかい点ですね。

カントを読む

大澤　ちょっと補助線的に言っておくと、超越主義の人って、だいたいカントが好きなんですよね。カントを独自の仕方で読んでいて、「それ、間違ってるよ」と思うような読み方なのです。具体的に言うと、先ほども出てきたとおり、『純粋理性批判』という本のポイントになっているのは、「物自体」と「現象」とを区別するということです。我々が認識できるのは現象だけですが、その現象の背後に真の実在としての物自体という仮定を置くわけです。それがカントの肝ですね。

超越主義の人たちは、カーライルとかコールリッジといったヨーロッパの詩人たちのカント読解を媒介にしながら、現象があって物自体があるというふうにカントは考えたということは、ある意味で物自体を認識できるってことだ、と考えたわけです、逆に。カントは物自体には理論的な理性（悟性）は届かないと少なくとも表向きは言っているが、ということは、現象の向こうに真の実在があるということを知っているわけじゃないですか。経験によって認識できる範囲が現象であるわけですが、その現象を超えたところにある物自体を直接に把握する能力がある、とカントは言っていることになる。こんなふうにカントを誤読的に読解するわけです。

物自体と現象という区別の中で、できるだけ現象のほうにだけ勝負をかけて、物自体というのは括弧に入れて、場合によっては省略していくというのが近代科学の流れでもあるし、同時にプラグマティズムに向かう線でもあるんですね。しかし超越主義は、ある意味でヨーロッパよりももっと端的に反経験主義的な哲学をつくっていく。それがプラグマティズムの直前に出てくるわけです。この奇妙さを考えておく必要があるというのが私の問題提起です。

超越主義は、どういうものか

橋爪　超越主義は、プラグマティズムに隣接している先行思想なのに、真逆ではないか。たいへん面白い指摘です。ある意味、真逆。でもある意味、そっくり。結局、真逆ではない、のだと思う。

いくつか補助線を入れながら、プラグマティズムに迫っていきましょう。

まず、プラグマティズムを、よくある説明を聞いてイメージするような、卑俗な経験主義とみないほうがいい。

プラグマティズムには、卑俗な経験主義、実利主義の側面があります。でも、それを超えたものである。これが実は、アメリカの秘密なのです。資本主義でありながら、それを超えている、科学主義でありながら、それを超えている。

超越主義とプラグマティズム。見やすい共通点を確認しておくと、どちらも、特定の教会、宗派、組織、ドグマに従属しない。従属してはいけない、と思っています。ここが大事な共通点です。

なぜそうなるのか。超越主義は、ただの神秘主義ではないんですね。超越主義が一八三〇年頃だとすれば、それは大衆の経験を、アメリカの知識人が洗練された言語でのべた時期です。それ以前から、共通了解が蓄積されていた。その共通了解とは、自然科学は正しい、人間の理性は信頼できる、人間は神のことを考え交流する能力がある、といったようなことです。

ひとつおさえておくべきなのは、カトリックには修道院があるが、プロテスタントにはない、という点です。教会の神父は、ミサをしたり教区の信徒にサービスをしたりで、忙殺されます。修道院は、教区もないし、信徒に責任もない。彼らは祈りのプロなわけです。教会と修道院はこうやって、分業している。修道院はとても経費がかかる。プロテスタントはその、修道院を廃止した。祈りは誰でも、勤労しながらでもできる。そのはずだったが、やってみるとうまくいかない。日曜日に教会に行くのが精一杯。初期アメリカの植民地は、プリマスのようなところは例外として、洗礼を受けたちゃんとした信徒は、人口のごく一部だったのです。

プロテスタントにとって、では、教会が大事かと言うと、そうでもない。個々人が、神の前に立つ。個人と神との関係（だけ）が大事なのですから、教会はある意味、どうでもよい。教会は、救いを「執りなす」権限がない。人間と、人間を超え人間を救う神と、の関係だけが大事になります。

では、個人が世俗生活の中で、神のほうを向けるのはどうしてか。通常のキリスト教だと、それは聖霊の働きです。聖霊が働いて、世俗生活を送る人間を、神の方向に向かせます。

さて、ユニタリアンは、通常のキリスト教と違って、三位一体説を前提しない立場です。三位一体説は、人間が考えた教義（公会議の決議）にすぎず、神の教えではない。イエスが神の子だというのも、同じく人間が考えた教義だ。という立場に立つと、人間が神のことを考え、神と交流できるのは、人間にそういう霊的な能力がそなわっているから、としか考えられません。自分のそうした、霊的な性質を信じる。自分を超えた霊的な世界との交流を希求するのが、超越主義なのです。

その超越主義の代表者が、エマソンです。

超越主義は、ですから、無神論（通常のキリスト教とは違った考え）に片足を突っ込んでいます。でも残りの半分は、信仰に止まっている。カトリックでなく、プロテスタントだけにみられる、特有な宗教的態度であると思います。

超越主義と、カントは相性がよい。どうしてか。カントは、どういう信仰をもっているか、はっきり言わない。自然科学を認める。そして、プロテスタントの各宗派の信仰を否定しない、からです。

大澤　違和感とか異論は全然ないですね。

エマソンの思想

大澤　時代的に言うと、エマソンというのは第二次覚醒運動くらいのときですよね。おっしゃるようにクエーカーやメソジストたちの中で起きたことを少し哲学的に、あるいは詩的に洗練された形で表現していくと、エマソンの超越主義みたいな感じじゃないかなという気がします。ある種の自然との一体感というか、自然そのものが大きな自我みたいなもので私の自我と繋がっている、その大きな自我によって私は動かされているんだみたいな、そうしたことが超越主義の内容です。ですから、まさに覚醒して、客観的には全然状況は変わっていないんだけど、世界の見え方というか宇宙の図と地が反転したみたいな気分になって見えてくるということを、もう少しきっちりと思想的に表現していくと超越主義になっていく。まったくおっしゃるとおりだと思います。

もちろん超越主義の中に、普通に見てもプラグマティズムに似ている部分はあるんですね。たいていの教科書ではその部分が強調されています。たとえば具体的に言うと、テキストよりも生活重視の感覚です。あるいは、行動において何かが変わってくるのでなければ思想として意味がないという感覚をものすごく強くもっている。

エマソンの弟子的な位置づけになるのが、H・D・ソローです。私が大学に入ったときにいちばん最初に読んだ英語の本が、彼の『ウォールデン　森の生活』でしたけど、異様に難しい英語で苦戦したのを覚えています。彼が森でどんな生活をしたかという記録なんですけれども、文字どおりの意味で実用書みたいなところがあるんです。森の中でどうやって生活したらいいか、どうやって小屋を建てたらいいかといったことがたくさん書かれている。思想というものと生活というものは完全に一体だという感覚ですよね。

先ほどの修道院的なものとの繋がりも感じます。労働をしないで祈りだけをしている人のところに宗教的なものが宿るわけではなくて、労働していることの中にいちばん超越的なものに触れる瞬間があるんだという感じです。一方に、修道院的な世界を置き、そして他方にプラグマティズムを置いてみると、たしかに行動の中にどんな結果を生むかということが思想や概念のポイントになるというのがプラグマティズムの重要な主張だとすれば、明らかに超越主義は、これら両極のブリッジであることはわかってくるんですね。

橋爪 はい。

プラグマティズム以上

大澤 それはたしかにそのとおりなんですけど、私としては同時にもうひとつのことを重要視しなくてはいけないと思うんですよ。つまり、橋爪さんもおっしゃったことですが、超越主義の中には一見、二面性があるわけです。一方に、プラグマティズムとすごく異なる、経験を超えた精神の直観をすごく重視する面。他方で、思想と生活、行動の一体化という面。

後者だけを見ればプラグマティズムに近いところもある。その繋がりを見るときに、一見プラグマティズムと異なる部分もプラグマティズムと関係づけて理解しなくちゃいけないと思うんです。つまり、普通はいかにもプラグマティズムにあと一歩みたいなところだけを重視して、だから超越主義はプラグマティズムの前史になっていると言うんですが、それはもちろんそうなんですけれども、逆に一見プラグマティズムと思いきり離れているように見える部分も視野に入れなくてはならないわけですよね。

超越主義は、先ほどの科学革命よりもさらにプラグマティズムから離れているように見えるわけです。なにしろ先ほど言ったように、理論的な理性が把握できる現象の向こう側に真の実在があるみたいなことを言っているわけですから。科学革命の中で得られた認識のあり方を、反省的にとりだしたのが、カントの哲学、とりわけ『純粋理性批判』ですからね。カントを裏切るようなかたちでカントを継承している彼らは科学革命よりももっとプラグマティズムから遠ざかっているように見えるんですけど、そのいちばん遠ざかっているように見える部分も含めて、プラグマティズムとの繋がりを理解し、説明しなくてはならない。そうしないと、結局、プラグマティズムの面白さも見えてこない。あるいはアメリカなるものの重要性も見えてこない。橋爪さんが先ほどおっしゃったように、アメリカは世俗なのに世俗以上、資本主義なのに資本主義以上、これほど科学主義の徹底した国はないように見えるけど科学以上になっている。だからプラグマティズムについても、プラグマティズムなのにプラグマティズム以上の部分も見なくてはいけないんです。超越主義を背景に後ろから光を当てると、プラグマティズムの中にある見失われがちなアスペクトが浮かび上がってくるような気がするんです。

先駆としてのユニタリアン

橋爪　超越主義と並んで、プラグマティズムの先駆形態だと思われるのは、ユニタリアンです。

クエーカーとメソジストの話をしましたが、クエーカーはクエーカーだけが集まってフレンド教会というグループをつくります。メソジストはメソジストだけが集まって、メソジスト教会というのをつくっています。でもユニタリアンは、ユニタリアン教会をつくっているんですけど、それらと同列な教会なのかどうか微妙なのです。

ハーバード大学がユニタリアンだという話をしました。でも最初は、カルヴァン派だったんですね。会衆派（コングリゲーショナル）のカルヴァン派だった。会衆派は、自治を重視し、なんでも会衆で決めるのです。牧師を誰にするか。役員を誰にするか。今年の活動方針をどうするか。そして、自分たちが何を信じるか（教義）も、会衆が討論して決めるのです。討論しているうちに、ユニタリアンの会衆が増えて、ユニタリアン教会に看板を掛け替えることになった。それでハーバード大学は、カルヴァン派ではなく、ユニタリアンになった。

ユニタリアンは、天文学も物理学も進化論も正しいと思っていますから、大学が科学の教育研究を進めるのに、とても具合がいい。

ユニタリアンの特徴をまとめると、教義（ドグマ）はあってもいいが、それは各人のものであり、全員を縛ることはない。となると、キリスト教かどうか、教会かどうか、微妙なのです。これは、ドグマは認めない、ナントカ学派は認めない、でも私たちは哲学ですと言っている、プラグマティズムと瓜二つです。

大澤　なるほど。エマソンは最初ユニタリアンですね。親もそうだったんで、それで本人もユニタリアンの牧師みたいなことをやって、やっているうちに合わなくなって飛び出した。だからユニタリアン以上にユニタリアンになったみたいな感じじゃないですか。

橋爪　そういう人が、いっぱいいた。

大澤　ある意味でユニタリアンとプラグマティズム、あるいは超越主義というのは、ある種の家族的類似みたいなものをつくっていて、本人としてはユニタリアンから出ることをすごく意識していても、小さな世界の中で移動している感じになっているんじゃないかなと、聞いていて思いました。

橋爪　カントを読んで、「形而上学クラブ」という名前のサークルに集まった。ハーバード大学でやってるでしょう。ハーバードはその頃、ユニタリアンの牙城ですから、その濃厚な雰囲気があった。日本の哲学者はユニタリアンを、哲学と関係ないと思ってあまり重視しないけど、アメリカでは大事です。ハーバード大学の哲学棟は、エマソン・ホールという名前です。エマソンは、哲学者でユニタリアンで、超越主義なのです。

大澤　これはユニタリアンに限らないですけど、こういうことを考えるときに難しいのは、そこにいる当事者にはあまりに自明な前提は、彼ら自身によって自覚されることもないし、言葉に出して「自分たちはこうだ」と特に言われたりしないということですよね。外からその社会を観察する人は、特に書かれたり言われたりしない、そのような前提があることに気づきにくい。

他方で外から見ている人はもっとわからないので、いちばん重要な前提だけが伝わらないということがよくあって、この種のことを考えているとつくづく思いますね。

4　パースはこう考えた

パースの人と思想

大澤　さて、ここからはプラグマティズムに関してより具体的に、それぞれの論者の思想に則して考えていきたいと思います。

先ほどはジェイムズから入りましたけれど、プラグマティズムという言葉をつくり、その概念規定をしたのは、ジェイムズより年上のチャールズ・サンダース・パースです。彼はかなりの万能的な天才だったようですが、あまり世間に評価されないまま寂しく執筆活動をしながら死んでいった。

私の考えでは、ジェイムズ以降だけ見ると、西洋の伝統とプラグマティズムとの繋がりというものが見えにくくなるのですが、パースに着目すると繋がりの部分がはっきり見えてくる。パースという人もいろんなことを言っているのですが、私が感心したのはインクワイアリー、つまり探究とは何かということの定義です。すごく明晰。

探究とは、ダウト／懐疑という刺激によって始まって、ビリーフ／信仰・信念によって停止するプロセスである。そのように定義しているのです。これはいろんな意味で考えていく伏線になるような気がしています。たとえば、先ほども話題になった科学と宗教という問題ですね。疑念のほうが科学に関係する部分、信念というのは宗教に関係する部分と言えます。科学と宗教との繋がりを考える上でもなかなか面白い定義です。

パースによると、疑念を信念へと繋ぐ方法というのは四つある。

第一の方法は、ひとつの何かに固執するということです。つまり疑いが出てくるけれども、それを無視して固執する。第二の方法は、神の言うこととかドグマとか権威に頼る。

ここまではどうってことないんですけど、残りの二つが重要で、三つ目はちょっと聞いただけでは、何のことかわからないかもしれないですけど、ア・プリオリな原理に頼ること。具体的にここで念頭にあるのは、デカルトです。デカルトって疑いから始まっているわけじゃないですか。それで疑いに終始する。疑いの中に疑いの前提は何かとどんどんさかのぼっていく。たとえば自分の見ているものは妄想かもしれないと疑う。それを妄想ではないと退けるだけの根拠はあるか、と。しかしこの根拠も疑いうるわけです。ただ内省しつづけるだけです。そして最終的に「私が思っている」という、調べなくてもわかるア・プリオリな原理だけを疑いえないこととして発見する。そこからすべての疑いを払拭していく。これは超越論的と言ってもいいのですが、経験に先立つア・プリオリな原理から疑いを外すということです。

そして四番目が、科学です。科学は経験を使って、つまりプラグマティズムの原理を使って、疑いを克服する。だからパースがプラグマティズムと言ったときに、彼がライバル視していた考え方は、第三のア・プリオリな原理によって真理に到達するというやり方です。それに対して科学的な原理を置く。その基本的な方針としてプラグマティズムというのを発明するわけですね。

ジェイムズが講義で言うところによれば、パースがプラグマティズムという言葉を最初に使ったのは一八七八年、「いかにして我々の観念を明晰にすべきか」という論文です。先ほど言ったように、概念の対象が実際上どのような結果をもたらすかということがその概念の意味のすべてなのだというプラグマティズムの原理がここで提示された。

実用的、道徳的

大澤　ここでちょっと面白いのは、この言葉の出自ですよね。どこから取ってきたのか。造語ですけれども、ベースになっているのがまたカントです。先ほど、超越主義の人たちはカントの限界を超えて自分たちの原理として使っていったという話をしましたけど、パースのところでもカントが出てくるのですが、その使い方が超越主義とは対照的なのです。どういうことかというと、カントの三批判書の二つ目『実践理性批判』の「実践（的）」

というのがプラクティッシュという言葉ですね。このプラクティッシュから来ているわけではないのです。

カントによれば人間の行為を規定するこのプラクティッシュ、「実践的」と日本語に訳されている法則には二種類あるのですが、二種類のうちのひとつが、日本語では「実用的」と訳されていますけれども、プラグマティッシュな法則であるわけです。もうひとつのほうはモラリッシュ、「道徳的」な法則です。プラクティッシュな法則にはプラグマティッシュな法則とモラリッシュな法則がありますよ、ということをカントは言っている。パースはそのプラグマティッシュな法則からヒントを得てプラグマティズムという言葉を使っているんです。

実用的と道徳的はどう違うか。これはカント独特の言い方なのでなかなか難しいのです。道徳的な法則というのは、人間が幸福であることに値するために働く法則である。それに対して実用的な法則は、幸福を獲得するという目的のために、「何をすれば欲求を満たすことができる」という形式で働く。つまり、「幸福に値する」という言い方と「幸福を獲得するために」という言い方を分けているわけです。「値する」というのは、「あの人は幸福になってしかるべきじゃない？　あんなに立派なんだから」ということです。でも、それだからといってほんとうに幸福なのかはわかりません。ただ、「ああいう人こそこの世において恵まれてしかるべきだ」と我々が思う人たちが何をやるかということが道徳的法則ですね。それに対して、たとえばお金持ちになりたいだとか美味しい物を食べたいだとか素敵な人と結婚したいだとか、幸福を獲得するという目的のためにどうしたらいいかと考えたときに出てくるのがプラグマティッシュな法則ですね。プラグマティッシュな法則というのは必ず「Aをすれば、（何らかの自然の欲求を満たす）Bという結果が得られるだろう」という構造をもっている。この「Bという結果」が「幸福」です。

道徳的法則は、「定言的（カテゴリッシュ）」というむちゃくちゃ難しい日本語で訳されているタイプの命令の形式をとる。定言的命令とは、絶対に無条件に従わなくてはならない命令という意味です。それに対して実用的なプラグマティッシュなほうは「仮言的」な命令。つまり「if… then…」という構造、「仮に何々であれば～」という構造になっている。その仮言命法のほうからプラグマティズムが出てくるんですね。

つまりある概念の意味を明晰にするにはどうしたらいいか。プラグマティズムによると「xをすればyという観察可能な結果を得るだろう」というかたちで明晰化できる。たとえば「この水は冷たい」という観念があるとして、それはどういうことを意味するか。普通の人間がそれに触ったときに冷たいとか寒いという感覚がするとか。あるいは何か温度計みたいな物を入れたときに、その温度計の目盛りが下がるとか。つまり、「何々をすれば何々」という観測的な結果が出てくることによって概念の意味は得られる。さっき言った実用的法則と同じ、仮言的命令の形式になっているのです。

私がどこが面白いと思ったかというと、カントにとっては道徳的法則のほうがずっと重要なんですね。つまり、道徳的法則の重要性を言うための捨て石として実用的法則があるんです。実用的法則はただ条件があるときに得するためにやるだけ。それに対して道徳的法則というのは普遍的な法則だから無条件だよ、と。ほんとうの法則というものを浮き立たせるために仮言的命令がある。要するに、プラグマティズムというのはカントにとって重要じゃないほうを取ってきたわけです。そこが面白いと思うんですね。

超越主義は、カントが「ここまでしか人間はいけないよ」といわば境界線をつくったわけですが、その境界線の向こう側に行って――カントの禁を犯して――、カントがほんとうは言ってないことをカントが言ったことのように受け取って生まれる。それに対してプラグマティズムは、カントがもっと言いたいことがあったのにそこではないところを取っている。私たちもときどきありますね、論文の中で重要じゃない箇所が引用されていて、なんであっちを取ってくれなかったんだと思うことが。

橋爪　はい。なるほど。

パースとジェイムズ

大澤　ここで、パースとジェイムズがどう違うのかということを少し考えておく必要があります。アメリカの全体像を摑んだりアメリカの核心に触れるためには、やっぱりジェイムズのほうがその特徴を表しているわけですけれども、ジェイムズのほうだけを見てパースのほうは軽視していいかというと、そうではない感じがするんです。ジェイムズの考えのコアの部分はやっぱりパースに発しているんですね。つまり、ジェイムズの段階では見えにくくなってしまっている、もともと働いていた力というかベクトルが見えてくる感じがするのです。

ジェイムズとパースの違いは表面的には見えにくい。両方とも、概念の対象となっているものが実際上、我々の経験にどういう結果をもたらすかということを考慮すれば概念の意味はわかるのだというわけです。観念的、抽象的に考えていてもだめなんだよ、と。だから表面上はまったく同じに見えます。

しかし、パースがそういうふうに言うときに考えていた「実際的な操作」とは、はっきり言えば「実験」のことなんです。というか、パースは実験という概念を広げようとしていたわけです。先ほど科学革命のところで実験がいかに重要かという話をしました。多様であり、「唯一の真理」に到達できないというのが経験というものの基本的な限界です。

しかし、経験を実験化すると、誰がやっても同じ結果になるという仕方の経験になる。こうして実験は、科学の中で唯一承認された経験になっていく。その実験というのをパースは考えているわけです。

ただし実験といっても、パースの場合、たとえば「この椅子は重い」というときに、「あなたがもち上げようとしたときに筋肉が痛む」とか「一人ではもち上げられなくて二人以上が必要になる」というようなことを含む。だから、「実験」という語の意味はかなり緩い。といっても、実験ではありますから、基本的に誰がやっても同じ結果になるからという点にポイントがある。だから、概念を実験に対応させることで、その意味をつまびらかにしたことになる。パースはそういう意味で「実際的な結果」ということを言ったんです。

それに対してジェイムズは、「実際的な結果」ということをさらにもう一ランク緩く取ったんです。わかりやすく言えば、「それを使ったら何を感じる」とかいう情緒的な反応みたいなことを含む。たとえば「鰯《いわし》の頭も信心から」というように「鰯の頭に魂が宿っていると思うと私はとても安心感が得られる」みたいなことも「実際的な結果」であるというふうに考えるわけです。そうすると、その限りにおいて、「鰯の頭の魂」は真であるといえる。「限定的真理」です。ジェイムズがこう言うときに、ほんとうの狙いはどこにあるのか明瞭ですね。要するに、宗教なんですね。

たとえば神が存在するかどうかということについて、神の存在論的証明等に挑戦して、まともに「神の存在」を証明しようとするのが中世の人たちだとすれば、神が存在すると信じ、前提にしたことであなたはどうなるか、を主題にしたのがジェイムズ。たとえば、神を信じたことで、生きる勇気が湧いて明日も仕事をする気になるとか、自分の人生に希望がもててやる気が出るとか、ということであれば存在するということと同じ意味をもつし、存在しようがしまいがその人の生活は何ら変わらないというのだったら、神にはそもそも概念として何の意味もない。

いずれにしても神の存在についても真偽を言えるということを準備するために、ジェイムズは「実際的な結果」というものに情緒的な反応や主観的な反応も入れたんですよね。そうすると、パースの場合とプラグマティズムの意義が逆になっちゃうんですよ。パースのプラグマティズムは、無意味な形而上的概念を要らないものとして捨てたところに意義があるとされる。つまりたとえば神というのを仮定するかしないかで、実際上の結果は変わらないわけですからそんなことについて思いわずらう必要はないみたいに、です。そういう形而上学とか神学から元になっている概念を外したいというのがパースの元々の動機です。しかしジェイムズの場合は逆なんです。そういう概念に権利を与えるために、プラグマティズムを使っている。

だから、原点にあるプラグマティズムの定義は大同小異ですが、方向性はまったく逆。晩年パースはそれがどうも気に入らなかったらしく、俺はもうプラグマティストではない、プラグマティシストだ、などと新しい語を導入したくらいです。「プラグマティシズムという語はどう見たってダサいだろう、これなら他人に誘拐されるおそれもあるまい」とか言っているくらいです。

5 パースからジェイムズへ

探究の前提となるもの

大澤 パースの議論で私自身が感心したのは、さっき言ったように、探究とは何かということの鮮やかな定義なんですけれども、その場合パースはこう考えているんですね。探究ということがありうるためには根本的な前提が必要であると。ここが後々批判の対象になるのです。リチャード・ローティ（一九三一～二〇〇七）は『プラグマティズムの帰結』の中で、アメリカのプラグマティズムの伝統を評価するんですけれども、その原点にあるパースは否定するんです。パースはだめだ、と言うわけですが、それはなぜかといえば、パースは探究が起きるためには唯一の真理というものがあるという仮定が必要だと思っているからです。我々は探究した結果を人に話し、「こうだろう」と説得したりするわけです。そうすると究極的には皆が同意する、「そうだね」と思わざるをえないと全員が納得するべく定められている意見があることになる。これはもはや意見であることを捨てて真理になるとパースは考えるわけです。この普遍的な畏敬によって表現されている対象が、実在です。

パースの「真理」とか「実在」とかという概念は、カントの「超越論的仮象」にちょっと似ています。実際に、真理や実在に到達してしまうことはないのですが、探究という営みが有意味であるための不可欠の前提ですから。

実際には到達しない永遠の彼方において人類は真理に到達するということなので、実際には常にわれわれは真理や実在には到達していない。つまり、常に我々は間違い続けているということになる。永遠に届かない極限に真理があるので、手に入れた意見は誤謬である可能性が常にある。プラグマティズムの重要なポイントはこの誤謬主義だと思います。しかし、「これは誤謬かもしれない」と思うためには誤謬じゃないものが、つまり真理が必要じゃないですか。

ただし、パースは、晩年になってくるとだんだん神秘的になってきて、世界はある種の神秘的連続体だと言います。すべてのものは我々が経験している限りにおいて究極の真理には到達していない。誤謬可能性が残っている。だから常に疑念を抱いて信念に到達するということを繰り返すわけです。そうすると世界は確実度の濃度が高い部分と比較的確実度の低い部分とがあり、確実性あるいは不確定性についての連続体になっているというイメージなんですね。

真理はまだ知られていない

橋爪　パースの、真理についての考え方。決してたどり着かないが、探究のためには真理が前提になっている。きわめてまともな当たり前の考え方で、自然科学の考え方そのものだと思います。
自然科学は、仮説なわけだから、いつでも暫定的な結論であって、反証可能性にさらされていて、更新され続ける。みな、そう思っているじゃないですか。じゃあ何も真理が明らかにされないのかというと、そんなことはなく、日々みな努力している。これを、パースはひじょうに的確にのべていると思えば、ローティはどこが気に食わなかったのかわからないが、パースに変なことを言っているところはひとつもない。

大澤　おっしゃるとおりだと思います。つまりパースは、近代科学の当然の前提をはっきり口にしたのだと思います。ただその上で二つのことを付け加えなくてはいけない。ひとつはアメリカということよりもっと広く見て、人類の知の体系として見たときに、近代科学はすごく特殊だということです。それぞれの文明が、それぞれの真理のシステムをもってきました。真理のシステムは、一般には、「帝国」や「世界宗教」とともに生まれる。科学以外の真理のシステムの前提は、重要な真理はすでに知られている、ということです。賢者とか預言者とかブッダとか、特権的な人がすでに真理を知っている。ヨーロッパも、近代科学より前は、同じ前提でやってきました。近代科学だけが、真理はまだ知られていない、という前提をもつ。ですから、パースの言っていることは近代科学としては当然のことですけれども、人類の知というものを全体から見ると近代西洋固有のものを極端に誇張している、といえます。

それからもうひとつ言っておきたいのは、パースのような言い方をすると力点が二つできるわけです。つまり、まだ我々は真理を知らないという点と、向こうにほんとうの真理があるという点です。パースの気持ちの重心は「ある」のほうにあるんですよ。いっぽう、ジェイムズやローティは「まだ」のほうにポイントがある。

すべての知識は連続している

橋爪　こういうことじゃないかな。知識が、確実なものからあやふやなものまで、連続していることがどうして重要かと言うと、もしも確実な知識が確実でない知識から切り離されるなら、そこだけが疑いをはねつけられるので、ドグマになる。ドグマを認めなくてはならなくなる。いっぽう、すべての知識が連続しているのであれば、ドグマが存在しないことになる。宗派とか真理の制度とか、人間を拘束してしまうドグマが存在できない、と言っている。とても重要な、根本的主張で、これがプラグマティズムの本質だと思いますね。

大澤　なるほど。連続ということでパースが言っていることはとてもわかりにくいところです。

橋爪　今みたいに解釈すれば一貫している。

大澤　なるほど。ここでパースとジェイムズの違いがはっきりしてくる感じがします。パースのように考えると、我々が経験していることは全部誤謬の可能性があるわけですよね。だから究極的には経験と真理が分離することにもなりうる。いっぽうジェイムズにとっては実在のすべてが直接経験なんですよね。経験の向こう側に真の実在なんて考えないわけです。だから、パースの場合には、暫定的な真理はあってもほんとうの真理には到達していないということを力説しますが、ジェイムズは、暫定的だとしても真理には変わりないというところのほうを強調する。

　先ほどから言っているように、最終的にプラグマティズムで重視されるのは後者のほうです。つまりある種の経験にとって有効性を発揮する、求めているものがそれによって得られる、我々の幸福や快楽が増加するということであれば、その限りにおいて真理であるというふうに考えるのがプラグマティズムのポイントで、いちおうは実証的真理と限定的真理を区別して、多少は従来の真理概念に対してリスペクトするスタイルは見せていますけど、限定的真理のほうにこそ、ジェイムズの議論の中心がある。

橋爪　もしパースとジェイムズの違いがそれだけに過ぎないなら、ほとんど同じです。その違いにこだわっても意味がない。

　こんな感じです。さっきユニタリアンの話をしたんだけど、ユニタリアンの教会には、洗礼を受けたふつうのクリスチャンもいる。生まれついてのユニタリアンもいる。洗礼を受けていないし、三位一体説も関係ない。それから今なら、イスラム教徒も仏教徒も、無神論者も社会主義者もいるわけです。たとえて言えば、パースは洗礼を受けたクリスチャンのユニタリアンで、ジェイムズは洗礼を受けていないユニタリアン。でも二人ともユニタリアン。その二人が一緒にいるということが、ユニタリアンの本質であり、パースとジェイムズが両方プラグマティズムだということが、プラグマティズムの本質なんじゃあないか。

真理を超える態度

橋爪　じゃあ、プラグマティズムは、どういう真理観に立っていて何を真理にしているんだろう、と考えたくなるんだけど、そう考えてはならない。そう考えるのは、「哲学はある真理を真理とし、共有する人びとがグループをつくるべきだ」という、プラグマティズム以前の考え方にとらわれているからなのです。そうでなくて、言っていることは、ある人にとってこの信念が有用であるなら、それは真理であると認めよう。その有用性は明らかだ。別の人が別な真理観をもつとして、それが有用ならそれも認めよう。こういうことを言っているにすぎない。

真理よりもより上位に、経験の有用性とか、生きるのに役に立つとか、といった設定があるわけだが、それはドグマでもなく原理でもないのです。それは、態度で示すことである。態度で示すとはどういうことかと言うと、パースとジェイムズは、「俺たちはプラグマティズムを言っている」という、そのことだけなんです。

大澤　少なくともローティは、二人が劇的に違うと思っているはずです。ローティはジェイムズのある部分を誇張して取っているわけですが。極限概念として真理があるというふうに想定した場合と、そんなものはそもそもない、実在もないというふうに考えた場合とどう違ってくるかと考えると、もし極限において真理があるとすれば「あなたの言っていることより私の言っていることのほうがより真理に近い」ということが意味をもちはじめるんですよね。たとえば二つの小説を比べてどっちが真理かといってもしょうがないわけじゃないですか。それに対して普通の科学理論であれば、たとえば特殊相対論で記述できることとニュートン力学で記述できることとどっちが真理に近いかということについて、「特殊相対性理論で考えても、まだまだわからない部分がいっぱい残っているけれども、ニュートン力学より真理に近い」という言い方が意味をもってくるんですね。しかし、ローティは率直に言えば、こんな真理をめぐる争いは意味がないと思っているんですよ。真理をめぐる論争を、小説の比較と同じタイプに還元したとでも言いましょうか。

真理にも二つある

橋爪　ローティについて私は詳しくないが、話を聞いていると、ローティはプラグマティズムの本質を摑んでいないのではないかなあ。ローティは自分のことを、プラグマティストだと思っているらしいが、誤解なのかもしれない。

宗教では、宗派があり、ドグマがいくつも並列していて、それらドグマのどれが真理でどれが真理でない、ということはたぶん言えない。どのドグマに属しても、他のドグマは真理でないように見える。不毛な真理の争いが起きる。

自然科学は、違います。人類すべてが、共通のルールに従いつつ、暫定的な仮説を超えてどんどん究極の真理に近づいていくという、そういう運動なのです。この運動の中では、誰のほうが真理に近いと言うことには意味がある。チャレンジの仕方も論争のルールも明らかだ。

この二つを、両方とも包んだものが、知の運動であって、この両方を包む土台がプラグマティズム。そこで、真理にも二つあることになるが、その二つを混乱させてはだめだな。

大澤 なるほど。それはまた後でローティの話をするのでそこで考えましょう。

我々が一面しか見ていないと思われると困るので言っておきたいことがあります。かつて記号論や構造主義が流行っていた頃、その源流にソシュールがいるとされました。しかし、その頃、記号論的な考え方としては、ソシュールの前に実はパースがいるんだということが再発見されたわけです。

詳細には深入りしませんが、なぜパースが記号論を構想したかという理由だけは考えておきたい。パースは人間の直観の能力を否定します。直観とは何か、というと、それ以前の認識に規定されていない認識ということです。普通、私たちが何かを認識するときには、何か別の認識を前提にしているわけです。しかし、その前提になっている認識というのは、偏見だとも言える。そんな偏見に影響されずに真理を一挙に認識するのが直観です。パースは、そういう意味での直観はありえない、ということを言う。

私の考えでは、この主張の流れの中から記号論が出てきた。つまり結局、人間の思考というのは記号に媒介されて、記号に記号を重ねることでしか認識は起きないんですよね。物事の真理性を直接把握することはできない。

橋爪　なるほどね。

超越主義は、自然を見て神と交流する。「ほんとにお前は交流してるのか」と疑われるので、「交流してますよ」と言うために、インスピレーションによって詩を書くわけ。これが交流の最高の証明で、他者への表明になると思うんですね。クエーカーだって内なる光に満たされたら、霊感のままに言葉を喋るわけです。直観というものは、直観でないものになったときに初めて、直観としてのかたちを現す。それは不可避なのです。

超越性と言語の問題

橋爪　ところでプロテスタントは、聖典をあらわす唯一の言葉をなくしてしまい、ドイツ語の聖書、フランス語の聖書、英語の聖書を翻訳し、それが神の言葉で最高の言語の形態だとして、国民教育をしたりスペルを決めたり文法を決めたりしている。詩も、その言語の形式は、やっぱり近代国民言語でできている。そこで直観が、国民言語によって表現されることになる。ワーズワースだってエマソンだって、みなそうだ。

ここで、はたと思う。英語の詩とフランス語、ドイツ語の詩と、どっちが正しい？　翻訳できるのか？　神は、神の言葉で世界を創って、人間に感性を与えたわけだけれど、英語は人間がつくったものかもしれず、しかも時代や何かの制約がある。その歪みは、どうなっているのか。

超越主義に立ち、カント的なフレームに立つならば、言語そのものが、超越性を阻害する要因として課題に上がって当然なわけだから、パースは、たいへんに正しく問題を設定したと思います。それは、プロテスタンティズムからしか出てこない。

大澤　なるほど、面白い。

新たな観念をもたらす「アブダクション」

大澤　パースが考えたことの中でもうひとつどうしても言っておかなくてはいけないのが、「アブダクション」という推論形式です。推論の形式でいちばん典型的なのはディダクション（演繹法）ですね。それに対して、さまざまな経験的な事実を集め、その共通性から一般法則を見出すのがインダクション（帰納法）。一般的な前提から個別の結論を引き出すディダクションは昔からありましたし、インダクションについてはフランシス・ベーコンが科学革命の頃にきっちり定式化した。この二つが基本だったんですけど、それに併せて三つ目の推論形式がある。それはパースの造語ですけどアブダクションだと言う。このアブダクションというのは、ほんとうは誤謬推理、つまり間違った推論なんですけど、そんなことはパースだって百も承知で、その誤謬推理がもっている生産的な価値や意味を重視するわけです。

典型的な演繹法は三段論法ですね。「ソクラテスは人間である。人間は必ず死ぬ。ゆえにソクラテスは必ず死ぬ」というものです。そういうふうにやるのが普通の演繹法ですけど、アブダクションは、「P」であることがわかっている、そして「PならばQ」であることがわかった。このとき「QならばP」と考えてみようというのです。論理学ではこれは「後件肯定の誤謬推理」と呼ばれてきたもので、「PならばQ」だからといって「QならばP」だとは限らない、ということが強調されていた。それに対して、パースは、この推論にたとえ誤謬の可能性が含まれているとしてもなお、創造的な意義があると考えたのです。

考えてみると演繹法というのは一般的な前提から特殊な命題を引き出しているわけですから、既に存在している観念を前提にするしかないんですよね。帰納法の場合は、新しい観念を見出すことができそうに見えますが、そうではない。具体的な事例の集合から本質的なものを見出すためには、あらかじめ何が本質的かを前提にしないとできない、という論点先取のような問題がある。それらに対してアブダクションだけが新しい観念をもたらすことができる。

Ｐはすべて Ｑだった、とする。それでは、Ｑはすべて Ｐだと考えてみよう。これは間違っているかもしれません。しかし新しい仮説です。可謬性があるかもしれないけど、新たな観念をもたらしている。仮定してみて探究してみる。そうするともちろん結果的に誤謬であったことが発見されることもあるし、やっぱりそのとおりだったということもあるかもしれない。パースの中に二つのベクトルがあって、究極的には絶対の真理は存在するという確信がある。しかし常に真理ではないかもしれないということが留保されている。その二つを結びつけると、真理ではないかもしれないものをいちおう真理として認めてみたらどうだろうかという探究のプロセスが生まれる。そうやって出てきたものがアブダクションという推論方式で、パースの言ったことの中でいちばん実りの多いものがここにあるかなと思っているところです。

橋爪　なるほど、とても興味深い。

ジェイムズの「信じる意志」

大澤　ジェイムズに「信じる意志」という論文があるんです。これはプラグマティズムを紹介したときよりも少し前のものなのですが、なかなか面白いのです。これは、パースのアブダクションの一般化と解することができるからです。

アブダクションって、要するに「信じてみようよ」ってことです。「ほんとうはPならばQとわかったからといって、QならばPだという根拠はないのですが、とりあえずそう信じてみましょう」、そういうふうに「信じる意志」をもってみようということなのです。そうすると、プラグマティズムというものを一般の人に啓蒙する以前からジェイムズのもっている基本的な態度とパースのかなり厳密な哲学とがシンクロする側面があったということが示唆される。パースがアカデミックな「探究」の場合だけを念頭に使っていた論理を、ジェイムズは人生全体に適用しているのです。

この「信じる意志」もそうです。ここでジェイムズが言いたかったことはこうです。我々人間は生きるに値するだろうかと悩む。しかし、まず人生は生きるに値すると信じようじゃないかということです。そうすれば予言の自己成就みたいなことになる。つまり信じていることが事実になる。私の人生に意味があるだろうかというふうに考え始めるとどっちとも決定不能になる。まずは、意味があると信じる意志をもちなさいと。そうすると結果的に意味があることになるんだと。

「人生に意味があるという信念が正しいという科学的証明は最後の審判の日が来るまでわからないのだから」という趣旨のことが書いてある。最後の審判の日はすぐには来ないというか、事実上いつまでも来ないので、今は信じる意志をもちましょう、仮にわかるとしてもそれは最後の審判の日なのだから思い悩まずに信じる意志をもちましょう。つまりアブダクションという考え方の一般化が「信じる意志」なんです。このときにジェイムズはパースを意識して言っているわけではない。でもジェイムズの中にパースがもっていたものを何かルーズに一般化するような傾向がある。結論的に言うと、ジェイムズのプラグマティズムって全部そうだと思うんですよね。パースがひじょうに厳格な守備範囲の中で考えていたものを、人間が生きるスタイルの全体に一般化してしまいましょうと。

でもそうすると、結果的に思わぬ逆説が出てくるわけです。パースは、あまりに形而上学的な概念や宗教的な概念というものを理性的な議論の中から外すことをねらっていた。しかし、ジェイムズがその発想を一般化したとき逆に「神がいて最後の審判の日にあなたの人生の意味について判定してくれるかもしれないと信じてしまいましょう」という話になり、パースがまさに排除しようとしたものを復活させている。ここでパースとジェイムズはまっすぐつながっていると同時に、両者は対立してもいる。

なぜこの話をしているかというと、この対談のはじめの方で、アメリカというのは、宗教的な敬虔と極端に世俗的な冒瀆とがショートカットでつながっているように見える、ということが不思議だ、という問題提起をしたわけですが、このパースとジェイムズとの繋がりに、この疑問を解くひとつの鍵があるようにも思えたからです。

6　デューイはこう考えた

デューイの人と思想

大澤　プラグマティズムを考える際には、パース、ジェイムズ、そしてデューイの三人を押さえておかねばなりません。

デューイはまとめ役的なところがあるんです。彼の議論によれば西洋哲学というのは根本的な二元論に縛られてきた。それは抽象的な普遍性と具体的な個物という二元論である。

この二元論はどこから来たのだろうか。それは、直接には、観想と実践の二元論からくる。それをさらに源流にさかのぼれば、古代ギリシアの市民と奴隷の二元論に行き着く。実践に関わらざるをえなかった人と見て考えることに徹することができた人がいた。現代までの途中でキリスト教が間に入ってその二元論を強化した。これはデューイの見立てです。

これが思想の歴史の解釈として正しいかどうかは今は置いておきます。いずれにせよ、デューイのもっていたこの世界観が重要だと思います。デューイのプラグマティズムは普通、インストゥルメンタリズム（道具主義）、あるいはエクスペリメンタリズム（実験主義）と言われます。それはどういうことかというと、要は理論と実践は同じものだよという考え方なんです。実践したらどういう結果が出てくるかというのが思想というもののポイントである、と。あるいは思想というのは環境を改変したりコントロールするための道具である。そういう考え方です。

日本ではだいたい教育学の文脈で取り入れられていて、実際デューイも学校みたいなものをつくって道具主義に基づいた教育、つまり子どもたちに、考えることがどういうふうに環境を変えるのに道具として役立つかということを体得させるような教育をしている。いわば問題解決型学習です。

『アメリカの反知性主義』で有名なリチャード・ホフスタッターの古い本で『アメリカの社会進化思想』というものがあります。スペンサーの社会進化論がアメリカの資本主義とか政治思想にどう関係してきたかを論じているのですが、その中でプラグマティズムを取り上げており、デューイをもっとも重視しています。スペンサーの社会進化論は、ホフスタッターによれば、自由放任主義型の市場原理を正当化するイデオロギーになっていた。そういう状況の中でプラグマティズム、とりわけデューイが新しい考え方を導入したというのです。つまり、観念とか思想というものはそれをもって環境を改変するための道具であるという認識ですね。そのことが、政治や国家が市場に介入するときのバックボーンになり、その後にルーズベルトの思想とか制度派の経済学が出てくる知的雰囲気を醸成した。アメリカにおける資本主義の変化とデューイのプラグマティズムがシンクロしているというところが面白いと思います。

橋爪　はい、なるほど。

事実と価値

大澤　もうひとつだけ。デューイがはっきり言ったことは、事実判断と価値判断の関係です。

たとえばギリシア哲学を我々の目から見ると、価値判断が事実判断を規定している。いちばん有名なのは、プトレマイオスに引き継がれたアリストテレスの宇宙。アリストテレスの宇宙像というのはもちろん天動説になっているんですが、それはともかくとして重要なのは、天球が完全な円運動をするということです。ところが実際に考えてみると、たとえば惑星なんて完全な円運動をしていないわけですよ。でも、アリストテレス的にいえば円運動じゃなきゃ困るんですよね。最高善の表現は完璧な円であるべきだから。そうすると天球に円じゃなく見えるものをどう考えればいいかということになり、円の中に円を回転させたりとか、ものすごい複雑なことをいろいろやっていくわけです。どうしてそうなるかというと、円運動であるべきだという規範的な価値判断が先にあるからですよね。

その規範的な判断に沿って事実が成り立っているはずだという考えです。

それに対して近代科学は、価値判断と事実判断を峻別する。これは当然として、プラグマティズムというのはそれが真理かどうかということはその人にとってどういう価値をもったかということで決めていくわけですから、元から事実判断と価値判断の境界線を曖昧にしているんですよね。そのことをはっきり言ったのがデューイだと思います。

究極的には事実判断から価値判断を導くことができるのだと。つまり、「私が何々を望んでいる」という事実判断があって、それをベースに「私にとって何がよいのか」という価値判断を導くことができる。これがほんとうに成功しているかどうかはわかりませんけど、デューイはこうしたプラグマティズムの基本的な方向性をはっきり言った。

橋爪　なるほどね。

7　プラグマティズムと宗教

宗教の場所

大澤　さて、プラグマティズムのだいたいの流れは見たとして、アメリカというものを考えるときにそれがどういうインプリケーションをもっているのか。

これまでも潜在的に議論されていますが、プラグマティズムと宗教との関係を考えると、プラグマティズムというひとつのスタンスから、両極端なことが引き出せると思うんですね。一方で無神論とか宗教的な世界観から脱した啓蒙思想に親和的な世界観を引き出せるとすれば、他方では、逆に強い宗教的なオリエンテーションをもってもいる。その二重性がやはり重要だと思います。

プラグマティズムが導入したとされている新しい真理や概念についての見方をおさらいしておくと、どこかに価値判断からは独立した客観的な実在があってそれを映し出すのが真理であるという伝統的な見方に対して、プラグマティズムの場合は、概念の内容とか観念の真理性を、それが関係している対象がどういう価値をもつか、どういう有用性をもつかということによって測ろうとする。この点で、それまで普通に見られていた世界観を、主客図式にもとづく世界観といいましょうか、そういうものを否定するようなオリエンテーションが強い。実際にローティはそこを評価するわけです。

しかし先ほど言ったように、パースは明らかにどこかに極限として客観的な実在がある、真理はそれを表現するんだという感覚をもっています。デューイもそうですね。ジェイムズはちょっと微妙です。ジェイムズの場合は、真の実在というのは純粋経験のことです。純粋経験というのは、後に我が国でいえば西田哲学の中でも使われている概念ですからそれに引き継がれているわけですが、ジェイムズの場合は西田哲学みたいに深淵な意味はなくて、我々がぼーっとしているときに体験することには主観もなければ客観もない、そんな状態が純粋経験です。つまり、主観と客観が混在している世界の姿全体が純粋経験です。客体に関して、主観と独立の実在というふうにも言えないし、主観的幻想とも言えない。

だからジェイムズの場合は言っていることが微妙なんですが、いずれにしてもプラグマティズムの中に客観的な実在を解消・還元していくという側面と、にもかかわらず他方で絶対の前提としてそれを要請しているという側面との二面がある。

その二面性は、プラグマティズムが神とか宗教というものに対して取っている解釈の二面性と繋がっていると思います。プラグマティズムというのは、我々の経験や直観や認識を超えたところにある神とかその他の形而上的な観念を排除するために使われている。

そういう意味では、ある種の無神論とか科学的合理主義に近い。これがプラグマティズムが普通に評価されるときのポイントになっている。しかし他方でプラグマティズムを唱える人たち、特に三人を挙げたわけですけど、この人たちは全員明らかに神や宗教を重視しているんですね。究極の真理性というのを求めている。いちばん論理実証主義者たちに都合のいいパースでさえそうですね。ひじょうにシニカルに無神論的なことを言っているように見える思想家が最終的にはむしろ神にこだわるのはよくあるパターンですが、パースの場合もそうです。

パースは一九〇八年、晩年に近くなってから「神の実在についての一つの無視された議論」という論文を書いているのですが、考えようによってはプラグマティズムに対する裏切りのようにも見える議論を展開しています。たとえば私たちは「黒い」ということを経験することができる。ある物が黒い。それは経験です。黒いということが経験できるからには黒という普遍が存在しているはずだ。たとえば人間は自己犠牲を行なうことがある。自己犠牲を「立派だな」と思えるということは、自己犠牲ということが普遍的に存在するはずだ。そういう議論なんですね。黒という普遍性や自己犠牲という普遍性があるのと同じように、神という普遍も感覚を超えて実在する。それがパースの到達点なんですね。

ジェイムズもしかりで、すでに言ったとおり、個々の信仰については限定的な真理があるとした。それぞれにとってそれを信じることが有意味であるならば、その限りにおいてそれは真理であると。個々の信仰についてはそうですが、最終的に神を信じるという一般的なところについて言うと、ジェイムズは限定的な真理を超えた究極の真理、超越的な信仰を、議論のもっとも重要な前提にしていた。『宗教的経験の諸相』で、限定的真理という留保を抜いた超越的信仰 the over-belief ということについて語っています。

デューイにしても、the religious（宗教的なもの）という概念を導入しています。特定の宗教に肩入れしているわけではなくて、宗教的なるものが究極の実在として前提されている。つまり、私たちが感覚的に理解している世界とは違った次元というのがやっぱりあって、そういうものに対する超越的信仰に忠実であるべきだと。

それだけ見るといかにもプラグマティズムに反するように見えますけれども、プラグマティズム自身の中に独特の二重性があるんですね。これをどういうふうに理解すればひとつの整合的な視野の中におさめられるのか。アメリカというものがもっている、世俗のように見えて世俗を超えている、経験主義者のように見えて超越主義者である。そういう二重性をどう考えるかというのがアメリカを解く鍵になるんじゃないか。

プラグマティズムの提案

橋爪　うまくまとめてくださいました。

日本で読めるふつうのプラグマティズムの解説書には、だいたいそういうふうなことが書いてあります。でも、そうかな、と思うわけです。

プラグマティズムを、ふつうの哲学のような、ある知的体系、ととらえないほうがいいと思います。哲学としてとらえると、矛盾して見え、二重に見える。個々のプラグマティストが個人として言っていることと、プラグマティズムが主張していることのあいだにギャップ、矛盾があると見える。それを、どう受け止めたらいいのか、という反応になる。

そうではなくて、プラグマティズムは、宗教のことを考えている。さまざまなキリスト教の宗派（教会）と自然科学とを考え、これが調和し共存する、アメリカという空間をどう設計すればよいかと考えているのです。それは、宗教であって宗教でなく、哲学であって哲学でなく、科学であって科学でない。ひとつのアメリカ的生き方の提案なんです。アメリカにはいろんな考え方の人びとがいるので、矛盾していて、全体として何が言いたいの、みたいなことになるわけだが、それでもいいという提案なのです。

ホテルの廊下

橋爪　ジェイムズは『プラグマティズム』で、パピーニという人がのべている例を、共感をこめて引用しています。ホテルの廊下のように、各部屋をつないでいるのがプラグマティズムである。ある部屋では誰かが無神論の書物を書いており、隣りの部屋ではひざまずいて祈りを捧げている人がいる。その隣りでは化学者が実験をしており、四番目の部屋では誰かが理想的な形而上学を考え、五番目の部屋では形而上学の不可能が証明される。つまり、さまざまな宗教と科学と哲学の、配置と共存のことだ、というのです。だとすると、特定の主張ではない。

相対主義なのか

橋爪　さて、こういう思考実験をしてみましょう。

自分はプラグマティズムなんか認めない、くそくらえだ。カルヴァン派の信仰が唯一正しい、いや、マルクス主義が正しい、いや、論理実証主義が正しい。こう言い張る人びとが、プラグマティズムの一部なのかどうか。

プラグマティズムが成り立つのだとすると、これらは、プラグマティズムの一部です。プラグマティズムを採らないことによって、人びとの実験が有用に導かれて、人びとがより幸せになるというのであれば、プラグマティズムの一部として、プラグマティズムを否定する思想を認めよう、とならざるをえない。

これは、相対主義のパラドクスとよく似ています。

相対主義があるとして、Aイズム、Bイズム……をすべて認めて「それぞれ結構ですね。全部認めますよ」とXさんが言った。Xさんの相対主義が成立しないことの証明は、「相対主義など絶対認めないぞ」という、絶対的独裁主義のYさんが出てくる。「絶対的独裁主義、結構ですね。それも認めます」、とXさんが言うと、「じゃあお前を殺害する、文句はあるまい」と殺されて、相対主義は滅んでしまう、というものです。

政治学なら、殺害して、これで証明終わりかもしれない。哲学としては、これでは証明終わりにならない。自らに殉じた相対主義の思想が、まだ残っています。

プラグマティズムは、ホテルの各部屋が調和的に共存するという関係のことです。プラグマティズムという枠は、殺害事件があっても残るのではないかと思う。

です。

巡回説教師

橋爪　プラグマティズムがアメリカ的だなと思うのは、その先駆形態が、大覚醒運動やユニタリアンといった、多元主義的で、特定のドグマを立てない行き方と連続していることです。

大覚醒運動の中心になった、巡回説教師という人びとがいたという話をしました。

彼らは、神学校で教育を受け牧師となった、正統で専門的なキリスト者と違って、どこの誰ともわからない素性の知れない人びとです。神学教育も受けてないし宗教的素養もまったく不明なのだが、どこからか現れてきて、とにかく話がうまい。そういう巡回説教師が、村から町へと旅をしていく。聴衆は回心して、失神したりするのです。それで食べていける巡回説教師が、何百人もいたのです。

巡回説教師の特徴は、特定の宗派（教会）と無関係なこと。ある町はメソジスト教会、隣りの町はバプテスト教会、その隣りはルター派の教会、みたいな場合、特定の宗派にこだわっていては、巡回できません。どんな聴衆にもアピールするフレーズを並べた名調子の説教を、経験の中で生み出していくわけですね。宗派から独立し、宗派のドグマにとらわれないという点が、プラグマティズムの原型になっている。コミュニティをつなぎ、アメリカをつくりだす作用があったのです。

大澤　そうですね。独立運動のむしろきっかけになっていく。

橋爪　アメリカ独立は世俗の出来事ですが、「俺たちはクリスチャン、特定の教会を超えている」という帰属意識が生まれたことが大きかった。

巡回形式の秘密

橋爪　ついでに言うなら、巡回説教師と、訪問販売や巡回芸人は、似ています。

巡回芸人は、巡回説教師と同じように、村から町へと、芸を披露しながら渡り歩いていく。大規模になると、サーカスやショーボートです。

それがやがて、ミュージカルになります。ミュージカルは、巡回するのをやめて、ブロードウェイみたいな特別な場所で、常設の上演をするわけですが、地方都市の巡演もします。内容は、世俗のもので、どこか特定の宗派（教会）には関係がない。誰でも楽しんで、観られる。

アメリカ的なものは、コミュニティをつなぐ、巡回という形式でできている。ヨーロッパにも巡回の形式はあるが、啓蒙の時代をピークに下火になり、アメリカみたいには発達しなかった。これが、プラグマティズムの秘密ではないかと思うのです。

大澤　なるほど、面白いですね。

廊下の性格

大澤　先ほどの、いろいろな部屋があるという話ですが、プラグマティズムについてはたしかにそういう評価があって、ローティはまさにそのような感じなんです。ローティに対する批判はたいてい「お前は相対主義に過ぎない」みたいなことですけど、でもある意味で彼は相対主義に開き直っている。「あなたがキリスト教を信じたかったらどうぞ。イスラム教の礼拝をしたかったらどうぞ」というようにさまざまな部屋にさまざまな人がいて、それを超える超越的な真理はないとローティは考えるわけです。

たしかにそのとおりなんですけど、その上で私が思うのは、その廊下の性格のことです。廊下の全体としての性格は、公式見解上はニュートラル、カルヴァン派風だとかクエーカー風だとかいうことはないですよ。しかしやっぱりある種のキリスト教なんですよね。

アメリカ化されたキリスト教です。ローティはプラグマティズムを、全体として一種の文化多元主義みたいなものを早い段階から言っていたと評価する。それは一面で正しいんですけど、ニュートラルと称されるその空間がどういうふうにつくられているかを考えると、そこにいわば無意識のうちに浸透しているもの、すなわちキリスト教がある。初期のプラグマティストの言い方が常に二重化してしまうのはそのせいじゃないかと思うんです。つまり、一方では完全に相対主義的なことを言っているんですよね。しかし他方で、究極的に本音を言おうとすると独特の信仰、ひどく脱色されたキリスト教の信仰がボコッと露呈する。

巡回説教師にしても、特定の宗派に属していないわけですが、説教師であることは説教師なんですよね。ですから、プラグマティズムがニュートラルな相対主義の空間を用意するというふうにだけ見ると、どこの国でも真似できるように思うんですけど、実はそのベースのところにある種のキリスト教がある感じがします。そして、それがキリスト教自体の特徴でもある気がします。無意識のキリスト教でありながら、さまざまな宗教や宗派が共存できる空間にもなりうる。それが他の宗教とはちょっと違っている。

法への信頼

橋爪　まん中にある廊下の性格を、ある種のキリスト教と言ってしまうと、議論がキリスト教から外へ出なくて、アメリカというものに届かないような気がするんですね。

廊下とは何か。それは、キリスト教ではないもの、法律なんです。

まず、ピルグリム・ファーザーズのメイフラワー契約。メイフラワー号には、信仰をもたない人びとも半分くらい乗っていた。信仰者とそうでない人びとが共存するための契約だから、世俗のもので、信仰を縛らないのです。

アメリカでは、このパターンが繰り返されていった。いろいろな教会や無信仰者が共存する空間をつくるには、立法行為が必要で、しかもその法律は世俗のもの。この世俗の法律に服従することは、何よりも優先される。信仰と同等か、それ以上に尊重される。こういう流儀ができたわけです。

この流儀を、ひとつの哲学に高めたのが、プラグマティズムだった、と思うわけです。これは、キリスト教的ではないと言える。どうしてかと言うと、キリスト教を尊重するが、無信仰者の場所がある。

大澤　なるほど。

その場合、その立法行為がなぜ効力をもちえたのかというのが疑問ですよね。現在の世界を見てもわかりますし、歴史を振り返ってもわかりますが、「法の支配」というものをほんとうに確立するのはとても難しい。たいてい失敗する。法の支配とか、実効性のある立法行為とかが、うまく確立できたのは、やはり西洋のみ、とりわけアメリカです。そうすると、どうして、西洋やアメリカで、そうしたことが成功したのかを問わなくてはならなくなります。

立法行為の効力であるとか、あるいは先ほどの廊下が廊下として成り立つための条件を考えていくと、それを成り立たせていった無意識のエートスがあったと思います。その源泉をたどっていけば客観的にはキリスト教ではないか、と思うわけです。ただ、そのキリスト教は、巡回セールスマンとか、ただの通路のような廊下とか、プラグマティズムとかというかたちになる、世俗化した――なんというか脱色した――キリスト教ですが。

近代人だからこそ

橋爪　その廊下の成立、人びとのエートスの由来はどこにあるか。私に言わせると、彼らはみな近代人だったのです。彼らは、自分は神に従い、神に従う自分自身に従い、そして他者には従わない、人びとだった。神は自分を支配できるが、そして自分は自分を支配すべきだが、他者は自分を支配できない。この前提に立つと、社会秩序が成り立たない、という問題が起こる。秩序を設定するには、契約以外にないのです。だから、契約に従う。

これが根本的エートスで、啓蒙思想の前からもう二〇〇年か三〇〇年にわたって、この議論ばかりやっているんだけれど、ホッブズがその原理原則を、実に明確にのべています。ホッブズが、契約によって社会を構成するというアイデアの、いちばんの最初の出発点。どうしてそうなるかと言うと、自分を拘束できるのは、神のほかには、自分だけだから。自分の同意がなければ、法律に従う理由がない。よって、どんな法律にも、それに先立って同意と契約があったはずだ、という考えになる。それが社会契約だけれども、そんなことはフィクションで、実際にはあったはずがない、と誰でも思いますよね。だけど、ないと困るわけで、議論がぐるぐるしていた。

そこに、メイフラワー契約のように、実定法として社会契約が結ばれるということが起こったから、アメリカ人にとっては、自分を正当化する神話になります。繰り返し繰り返しリフレインされ、自己模倣が起こる。その自己模倣が、各州の基本法になり、合衆国憲法となる。

このリフレインは、ひとつは、自分たちは近代人であるという確信。ひとつは、近代人であるなら神のみに従うべきであるという信仰。そして、さらにもうひとつは、移民であるということ。移民であるとは、ヨーロッパの伝統的な法空間の効力がなくなり、別の空間の中に移し替えられて、そこに秩序があるとしたら、法でなければならないということです。アメリカに、信仰共同体（コミュニティ）はいっぱいあるけれど、コミュニティを超えたものとしては、法律しかない。これが、プラグマティズムとまったく同じ構造をもっているわけですよ。

そこでアメリカ人は社会人としては、まず信仰共同体（教会）に属し、つぎに法共同体（世俗の集団）に属し、知的には大学に属したりするんだけれど、プラグマティズムとして自己表現する、みたいになる。

大澤　異論はないんですけど、そうするとある意味で信仰共同体に属しているということが大前提になりますね。プラグマティズムにおいてもそれは無意識の前提であって、ときどき本音として表に出てくるという構造になっている気がします。その無意識の構造をはっきりと言ってしまったのがパースだった。一方である種の信仰共同体なんです。だからこそプラグマティックな多元主義や共存が可能になる。

8　ふたたびアメリカの資本主義を考える

プラグマティズムと資本主義

大澤　さて、世界最大の爛熟を迎えたアメリカの資本主義の精神というものを、プラグマティズムを媒介項にして考えてみたいと思います。と言うと、普通は、プラグマティズムはアクティブな実践主義なので、そういうところが資本主義的である、みたいな言い方になるんですが、あまりにも当たり前なので面白くない。

先ほどパースの探究についての定義についてお話ししたじゃないですか。探究とは、懐疑（ダウト）から始まって、それを信念（ビリーフ）に変換することだと言いました。探究は、しかも決して終わらない。信念はすぐにあらたな懐疑を見出し、その懐疑が再び信念へと変換される。そういう反復が探究です。だからプラグマティズムには、いかにして我々が世界に対してもってしまう疑いを乗り越えるか、という方向性があるわけです。この懐疑と信念の反復という現象は、プラグマティストはまったく意識していないし、アメリカ人もまったく意識してはいないけれども、資本主義の精神と親和性があると思うのです。

マルクスのちょっと気取った表現を借りれば、市場に出て行って物を売ることは「命がけの飛躍」です。商品を生産し、売れるかどうかわからない。でもその命がけの飛躍への覚悟がないと、投資ができない。だから、まず、この商品が売れるかどうかわからないという懐疑があるわけです。それに対して「売れるはずだ」という信念をもたなくては投資の行動に出ることができない。パースの「探究」と同じ構造です。懐疑と信念の反復が、資本の蓄積を可能にしている。

プラグマティストたちは別に資本主義の行動原理を抽象化しようなんて思っていたわけではないでしょう。しかしそこで前提になっている構造——人はある不確かさに直面せざるをえず、その不確かさを反復的に信念に変えて行動していくという構造——、これは資本主義における冒険家的な投資家に必要な態度だと思います。そうすると、プラグマティズムと資本主義的な行動原理との間に、形式としての類似性をまず見て取れる。

橋爪　アメリカという国を考えてみると、まず、広い。つぎに、自然が豊かに展開していて、いろんな生態系がある。さらに、人数が少ない。人口密度が低い。ヨーロッパに比べて、遅れている。良いものはみな、ヨーロッパにあった。要するに、後発なんです。これが、初めの二〇〇年くらいの、植民地時代からのアメリカの原体験だったと思う。

約束の地

橋爪　さて、これを、「遅れている」とは必ずしも考えなかった点が、アメリカの特徴ではないだろうか。考えなかった、とは、これが神に与えられた約束の場所であり、ここで生きていくことが正しい、とみな思ったということです。

最初にやったのは、工業でも資本主義でもなくて、農業だった。その農業の主体が、家族だった。

これはラテン系の植民地と全然違う点ですね。ラテン系植民地は大土地所有制で、地主がいて、農業労働者がいて、貧困があって、商業経済（農産物を商品として輸出する）ですね。アメリカの場合は全然そうじゃなくて、小規模家族経営で、商業化の度合いはとても低く、むしろ自給自足。コミュニティを形成することだけが目的みたいな、まるで違う発展パターンだった。

家族を営みなさいというのは、神の命令です。誰と誰が夫婦になるかも、愛情を媒介にするけれども、神が決めたことです。だから、家族を営むのは、大切な神への義務なのです。また、農業も、神の命令です。聖書にそう書いてある。楽園を出るとき、アダムとエヴァに神は言う、これからは額に汗して働きなさい。

というわけで、農業（カルチャー）は、人間の務めである。いっぽう、神のわざがネイチャーである。ネイチャー（神のわざ）とカルチャー（人のわざ）が合わさって、収穫物（神の恵み）が与えられるんだけど、これは、神と人間との交流です。こんなふうに考えながら、日々を過ごすのです。

先住民の土地

橋爪　アメリカの先住民は、農業（カルチャー）をやらない。神と交流していない。労働によって、はじめて所有権が発生する、という都合のよいロックの哲学がある。そこで彼らを追っ払って、自分たちの農地にしていい。こういう論理で、どんどん開拓を進めていくわけです。

農業の中からも、創意工夫が出てくる。工業製品（トラクター）を使って耕作をしていいか。化学肥料を撒いていいか。特にやってはいけないことがないのが、アメリカの特徴です。ヨーロッパの農業には、土地の伝統や慣行がある。アメリカは、その種のものがほぼゼロだから、機械化や効率化がどんどん進む。そうすると、土地の集積が進み、農民は大都市に大量に流入する。これがまた、資本主義が大発展するのにちょうどよいわけです。

発明の国アメリカ

橋爪　こういう生活経験の中から、「発明」という、じつにアメリカ的な現象が起こります。エジソンも発明家である。ライト兄弟の飛行機とか、ベルの電話とか、枚挙に暇がない。

発明とは何かと言うと、アイデアなのですが、何かの自然現象を利用して、あるひとつの新しい製品やライフスタイルを生み出す。発明の根源にある自然現象は、神の領域に属する、神のわざです。それを具体化する製品を生み出すのは、人のわざ。神のわざと人のわざが結合して、人間の幸福に寄与するのだから、これは正しい。今まで考えつかなかったほうが間違い。神は自然の中に、そのヒントをたくさんちりばめてくれているわけです。発明が生み出す福利は、神の恵みだけれど、その福利を、発明をつうじて人びとに普及させるのは、たとえば電気を各家庭に届けるのは、隣人愛の実践なわけです。よって、その事業のために、資金を集めるのもまったく問題ない。事業は、利潤を動機にするけれども、利潤と無関係に、アイデアにもとづいて人びとに福利を届けることは、神の意思にかなっているという、深い直観がある。ヨーロッパだと、こういう新奇な試みは、たいてい誰かに邪魔されて自由にできないが、アメリカだと邪魔するひとは一人もいない。むしろ、大いに褒められる。

大澤　おっしゃるとおりだと思います。

宗教、特にキリスト教と、近代的な行動との関係を見るときに、意識されている内容よりも、どうしてそういう行動の形式が出てきたのかを考える必要がある。内容に則すと、もうそういう信仰なんてもっていませんよみたいなことになるんだけど、形式としては信仰をもっているときと同じ行動をするということが起きるんですね。ウェーバーの用語を使えば、プロテスタントの倫理と資本主義の精神、この二つはある意味で同じものです。

同じものなんだけれども、プロテスタンティズムの倫理として見ているときは信仰の内容の問題になっている。ただし、それは行動の形式のほうを見ると資本主義の精神になる。内容が抜きになって行動の形式だけが脱色されて残る。そのメカニズムを踏まえておく必要があります。

発明と予定説

大澤　先ほど「発明」の話をされたのでそれに関係づけていくと、もちろんアメリカ人だけが発明するわけじゃありませんけれども、アメリカは発明の宝庫のようなところがありますね。基本的な発明はたいていアメリカでなされている。今日まで影響を残しているもっともわかりやすい例のひとつが、自動車ですね。一九世紀の終わり頃に自動車をめぐる試行錯誤がなされ、次々と試作品がつくられた。動力源については、いろいろなものが試され、最初は蒸気でやってみたり電気でやってみたり、最終的にはガソリンになる。しかし、売るに値する製品として自動車ができるまでにかなり時間がかかるわけですよね。そしてついに一九〇八年にT型フォードが安い価格で発売され、ものすごい勢いで一般に普及した。

私たちはこの結果を知っているので、単に、フォードはよく頑張ったねと思うだけですが、フォードはこんなふうに成功するということをまったく知らずに、冒険できたところがすごいわけです。最終的に成功したので単純に夢の成就みたいになるわけですけれども、問題は、こんな結果がわからないときになぜ、かくも大きな冒険ができたのかです。

ウェーバーは予定説を重視しますね。予定説がどうして資本主義の精神と繋がっていったのかは説明が難しいわけですけど、予定説が機能するときのポイントはこうです。ほんとうは自分が救済されているか呪われているかわからない。しかし、「自分は救済されている」というふうに仮定するわけです。それを仮定して確信するわけです。仮定し確信することによって生じた行動が世俗内禁欲になるという構造なんです。

実は、この構造は先ほどの「アブダクション」と同じなんですよ。アブダクションとは、まだ実証されていないことについて仮に真理であると仮定してしまうんですよね。仮定してしまった後、そこから論理的に出てくることを実際にやってみるわけです。もちろんパースは予定説の応用だと思っているわけではありません。ありませんけど、論理の形式が、予定説が信者の行動をとらえたときの論理の形式と同じなのです。

そして、発明もそうです。発明が成功するとは限らない。まして、発明した製品が市場で承認されるかわからない。しかし、成功するはずだと仮定し、確信してしまうのです。仮定した上で、成功するはずだとしたら何をしなければいけないかと論理的に推論する。「成功するかどうかわからないけれど頑張りましょう」みたいなことでは絶対に、自動車の発明のような冒険的な行動はとれません。「成功するはずだ」ということについて、客観的に見れば不確実であり、本人もほんとうはそのことは知っているのに、それでも、あたかも現実になるかのように仮定する。その結果の場所に仮定された現実から、いわば因果関係を逆にたどるようなかたちで、行動しているのです。

こうすると、予定説とプラグマティズム、そして資本主義、場合によってアメリカン・スピリッツと言われるものやフロンティア精神、あるいはアメリカン・ドリームなども加えてもよい、それらに、ひとつの同じ論理の形式が貫かれていることがわかります。

神の支配あればこそ

橋爪　予定説とプラグマティズムと資本主義。それを貫くのは、神の支配です。

予定説とは、人間の救済を、神が決定しているという考え方でしょう。プラグマティズムは、超越主義のところでのべたけれど、この自然や人間を神が造り、その人間一人ひとりに個性を与え、でもちゃんと共存して幸せに暮らしていけますよ、という枠組みじゃないですか。資本主義も、地上で人びとが生存するための経済活動を神が支配していますよ、という考え方なのです。アダム・スミスが、市場には「視えざる神の手」が働いている、とのべたとおりです。

市場の結果は、神の意思なのです。神の意思は「なるべくたくさん隣人愛を実践しなさい」ですから、隣人愛の実践にもなっているけれども、人びとに十分な報酬や利潤が与えられる、ということでもあるわけですね。

じゃあ人びとは、どの職業に従事すればいいのか。これも最終的には神の意思です。ただ、神が直接教えてくれるわけではない。そこで暫定的に、「私は靴屋だ」とか「私はイチローのような野球選手だ」とか、決めるわけでしょう。ここに逆転が起こっているんですね。才能があると仮定して「これを私は一生懸命やる」と決める。才能は、神がこの人にそういう能力を与えた、ということです。でも、経験的には、毎日毎日そのことばかりやるのでだんだんうまくなって、周囲から「才能があるんですね」と言われるようになるのです。

大澤　客観的に見れば因果関係が逆なんですよね。

橋爪　そうなのかもしれない。でも、神の支配の考え方によれば、まず才能があって、その才能を活かすべくその職業につき、神の命令に従って毎日熱心に務めるので、やっぱり才能がありましたということになる。こういう順番なんですね。

これを、才能の神話と言えば、アメリカは才能の神話の国で、天才とかギフトとかジーニアスとか、があると考える国です。裏を返すと、努力（人のわざ）で、目標が達成できるとは考えない。

大澤　おっしゃるとおりですね。実際には一生懸命やっているだけなんですよね。自分の成功やこの世界に生まれたことの意義みたいなことを信じて一生懸命やっているだけなんですけど、その究極の前提として神の支配が置かれている。でも実際は神がいちいち教えてくれているわけではない。

　プラグマティズムもそうだと思うんですよ。つまりプラグマティズムがやっていること は経験的な実験だけです。予定説の場合、神の支配ということは大前提になっていて、大前提になっているがゆえに一度も登場しない神の意思というのがあるわけですよ。それと同じでプラグマティズムも一度も登場しない信仰的なものがほんとうは前提になっている。それは、プロテスタントの究極の論理と似たところがある。

日本と似ているのか

橋爪　ちょっとだけ付け加えます。

　一生懸命働くこと。職業活動が自分にも他者にもよいことで人生の目標であること。プラグマティズムは、そういうことを要請します。

　でも実は、日本社会も、そういうことを要請している。外見はとてもそっくりなんですよ。日本人は、まったくプラグマティストとして行動しているように見える。まったく資本主義的に行動しているようにも見えるんだけれど、では両者は、同じなのか？　プラグマティズムと日本人とでは、その神学と言うか、エートスの前提が違います。

　プラグマティズムはやっぱり、神の支配を出発点にしている。そうすると、才能があると思って一生懸命努力したけれど、実は才能がなかった、ということを許容しなくてはいけない。そうやって納得する。一生懸命努力したけれど、結果がともなわなかった。これは運（ラック）がない。運とは、神の意思です。神の意思なら、人間の努力は無意味なんですね。

同じように、教育も、考え方が違う。教育はすべきだし、勉学はすべきなんだけれど、努力は無価値であり、神の意思だけが価値がある。全然努力しなくても天才なら、すぐにできてしまう。努力して結果がともなうより、努力しないで結果がともなうのが、いちばんいい。

こういう神学の中にアメリカはあるから、努力と成果は無関係であってよい。あんまり努力しないのに、どういうわけかすごく金持ちというひとがいれば、それは神の恵みだからよいことで、偉いのです。日本ではそういう神学は許容されない。神学が違えば、制度の運用も違い、人びとの自己理解も違ってくるのです。

日本人はプラグマティズムを、単なる努力主義とか世俗主義とか、誤解してはいけません。それは、アメリカに対する誤解の、根本だと思います。

大澤　そうですね。ただ、当人にとってはその信仰が無意識になっているところもあると思うんです。自分はもう神なんか信じているわけじゃないんだ、純粋に世俗的な功利主義者として生きているだけなんだ、と思っている。意識のレベルではそうかもしれないけど無意識のうちでは神を信じている人と同じように行動してしまう。そういうことが歴史の積み重ねの中で起きてしまうんです。日本とアメリカの違いを見るならば、そういう無意識レベルの信仰に目を付けないとならない。

9　プラグマティズムの帰結

クワインの人と思想

大澤　さて、プラグマティズムはその後どういうことになっていくか。結論的に言うと、二〇世紀末の代表的なプラグマティストはリチャード・ローティなんですが、先ほどから出ているように、彼はプラグマティズムのインプリケーションを引き出しているようにも見えて、しかしいちばん肝心なところを否定しているようにも見える。どっちともとれるような展開を遂げているんですけど、そこがどういう繋がりになっているかを探るために、ローティの前にクワイン（一九〇八～二〇〇〇）という人の話を入れておきます。

クワインというのはすごく偉い言語哲学者ですけれども、伝統的なプラグマティズムとローティのちょうど中間くらいのところに出てきて、ローティの議論の哲学的なバックボーンにもなることを言っている。彼は一九五一年に「経験主義の二つのドグマ」という論文を書いている。これは、分析哲学をやっている人は必ず読む有名な論文です。少し難しいのですが、この「二つのドグマ」を説明しておきましょう。

ひとつめのドグマは、「分析的真理と総合的真理の間には断絶がある」ということです。「分析的真理」というのは純粋に論理的に導かれることです。定義と論理法則だけで真偽が判定できる。たとえば「今日の東京は雨が降っているか晴れているかのどちらかです」。どちらかしかないから当たり前ですね。これが分析的真理です。それに対して、「今日の東京は雨が降っている」。こちらは現に今日見てみないとわからない。論理法則だけからでは、この命題が真か偽かはわからない。これを「総合的真理」と言います。真理には分析的真理と総合的真理の二種類あるというのが長い間の西洋の哲学の大前提だったんですけども、クワインはこの二つの間にそんなに明確な断絶はないということを証明した。これは今回の話にはあまり重要じゃないのでどういう理屈か、説明は省きます。

二つ目のドグマは、「還元主義」というものです。科学というのは有意味な命題の集合です。その有意味な命題は一個一個の単体として、なんらかの直接的経験に対応していると、普通は考えられている。しかしそれは成り立たないというのがクワインが主張したことです。たとえば、「地球は太陽のまわりを回っている」という命題があったとする。伝統的には、そういう命題が真かどうかは、地球が太陽のまわりを回っているかどうか調べれば確かめられるわけだから、それ単体で真偽を決定できる。しかし、よく考えてみると、地球が太陽のまわりを回っていることを我々が真だとするためには、天体についての世界観を全部変えなくてはいけないんですよね。今まで天動説だったものを地動説にして、地球だけじゃなくて宇宙全体についての見方との関係で、この命題の真偽は決定される。たとえばアリストテレス的な世界観からすれば天上と地上は違う法則で成り立っていると考えている。しかし、「地球が太陽のまわりを回っている」と見なすためには、天上も地上も同じ法則、たとえば万有引力の法則が働いている、という宇宙観の中にこの命題をおかないとならない。このように、外界についての命題は個々別々ではなく、いくつもあつまってひとつのまとまりをなしているわけです。この主張は、ピエール・デュエムというフランスの物理学者との議論を踏まえていたので、デュエム゠クワインテーゼと言われています。

それを受けてその後一〇年くらいたってから、クワインは『ことばと対象』という有名な分厚い本を書くのですが、この中に面白い話が出てきます。私がまったく自分が知らない言語の中に飛び込んだとしましょう。ある程度どこかで知っているんじゃなくて、まったく知らない言語の中に飛び込んだときに、その言語によって何が指示されているか、個々の単語やボキャブラリーによって何が指示されているかを決定できるのか。クワインの言葉では「指示の不可測性」と言いますが、具体的な例を出すと、どこかの未知の共同体に行ったら、そこの人たちがウサギが出てくるたびに「Gavagai, Gavagai」と言っている。普通に見たらあれはウサギという単語だなというふうに思うかもしれないけど、もしかしたらそうじゃないかもしれないわけです。それはウサギが跳ねているという状態だけを指しているのかもしれないし、単に白いという意味で言っているかもしれないし、絶対に確定できない。それが「指示の不可測性」という考え方です。

指示が不可測であると結局、その言語とたとえば日本語とを対応させることができないので「翻訳の不可能性」も出てきます。そういう議論を展開しています。

この議論をこれまでの話と対比するとこうなります。たとえばパースは真の実在があるという仮定をしていると言いました。最終的に我々の真理はその実在を鏡のように映し出すのだというのがパースの考え方であり、これは普通の自然科学の考え方でもあります。しかし原理的に指示が不可測なのだから、実在を正しく指示しているとか対応しているとかいう考え方はナンセンスであるというのがクワインの言っていることなんです。だから、ある言語体系の中に入ればそれは真理のように見えるが、別の言語体系の中ではまったくわからない。クワインはそれを「我々はそれぞれ異なった船に乗っているようなものだ」と言っています。それぞれの船の中にはそれぞれの真理がある。けれどもそれぞれの船から独立した真の実在などというものはないのだというわけです。

橋爪　なるほど。

ローティの人と思想

大澤　このような議論を承けて、ローティが出てくるわけです。

ローティは近代哲学には三つの転回があったと言います。今はその三つ目にきているということなんですが、最初から説明するとこうです。まず、認識論的転回。代表的な哲学者としてはデカルトとかロック、そしてカントも含まれます。真理の認識というものが可能かという問題とされた。二つ目、二〇世紀初頭の言語論的転回。記号論理学が出てきたり言語哲学が出てきたりという状況ですね。言語が哲学の中心的な主題になっている。たとえば、「存在とは何か」と問うのではなく、「どのようなときに「存在している」ということができるのか」と問えば、言語論的転回を経由している、という感じになります。そして今、三つ目の解釈学的転回がやってきているのだと。

この解釈学的転回のポイントはクワインの議論を念頭に置けばわかるんですが、それぞれの人が前提としているそれぞれの知識の枠組みから独立した絶対的な真理というのは不在であるということです。認識論的転回のときには、何が真理であるか、真理に到達する認識とは何かが問題になっていたわけですが、いまや真理によって哲学を基礎づけるのは不可能だということです。「基礎づけ主義の放棄」と言ったりしますが、要は哲学の否定なんですね。哲学のやることはそれぞれの人間がどんな枠組みでものを見ているかをただひたすら記述する解釈学だけになるのだと。それで「解釈学的転回」と呼ぶわけです。

こうした前提の上で、ローティはプラグマティズムの継承者であると自称します。彼は『プラグマティズムの帰結』という、一九八〇年代の初頭に出た本で、プラグマティズムの重要な特徴は三つあると言っています。

ひとつはアンチ・エッセンシャリズム、反本質主義です。どういうことかというと、ある文が真か偽かと問うのではなくて、その文を信じたときに私たちの何が変わるのかということだけを問題にする、ということです。本質的に真か偽かを考えるのではない、ということです。

二つ目は、デューイのところでちょっと言いましたが、事実と価値は区別できないということです。つまり、もともとは、生の実在があって心がそれを映し出す鏡になっているというのが認識のモデルだった。しかし、今や認識活動とは、「これこれを信じるとしたら、私（たち）は何をなすべきか」という社会的実践の形式をもつ。認識がそのまま社会的実践なので、事実と価値との区別は不可能になる。

三番目は、簡単にいえば、探究にとって重要なのは会話だけであるという考えです。これは、今回の対談で何度も話題にしてきた、パースやデューイの探究についての理論を否定しているのです。探究というのは究極的な――しかし到達できない――真理に向かってあくなき実験を繰り返すことだと言ったのはパースやデューイでしたけど、究極的な真理はないわけです。すると、会話を続けていることだけが重要だというわけです。どんな議論に対しても異議申し立てすることはできる。「それは同意できないよ」と文句を言うことはできる。しかし、あらゆる異議申し立てを超えた見解、つまり真理はない。それゆえ、異議申し立てに開かれた会話を続けることだけが重要だと。

ただこの場合の会話は究極的には同じ世界観を共有している者どうしの会話なんですね、ほんとうのことを言うと。人びとは、いくつかに分かれて異なる船に乗っているわけですから、船の中では会話できますが、船と船の間の会話は難しい。どの船からも独立の客観的な真理などないからです。ただ、船と船の間で、お互いに尊重するということは必要です。向こうにも船があるんだったら、それを沈ませてはいけない。どの船が真理に近いとかどの船が立派だということはない。どういうわけか俺はこの船に乗っている。つまり俺は、この会話（探究）の共同体の中にいる。それは偶然です。人びとに合意を強いる客観性はない。船の中にあるのは、強制なき合意です。この合意によって、船の中の、つまり共同体の中の連帯は保たれる。……というのがローティの議論なんですね。

先ほども言いましたように、ローティはある角度から見ればたしかにプラグマティズムの条件を的確に抽出しているようにも見えます。でも別の角度から見れば、プラグマティズムのもっている根本的な部分をことごとく否定しているようにも見えるんです。

プラグマティズムの重要な特徴は、ひとことで言えば、可謬主義です。我々の認識は常に間違っているかもしれない、だから経験によって今のところ暫定的に有効だよという言い方になる。でもそれは永続的に有効性を担保されているわけではない。常に間違っているかもしれないという前提があるために、探究は永遠に続く。しかし、そのためには、可謬性ということが、積極的に言えなくてはならない。そうすると、何が真理かを言えないとしても、真理の存在そのものは想定しておかなくてはならない。それが、パースの考えだったし、論理的にそうなるかと思います。そうすると何の理由もなしにただ会話をしていくということが重要だみたいなローティの見方は、考えようによってはプラグマティズムの精神を根本的に否定している。

しかし同時に別の角度から見れば、たしかにプラグマティズムには先ほど言った反本質主義的なオリエンテーションがあり、事実と価値の間の今までの区別というものを脱構築するような側面があり、たしかにローティの言っているようなアスペクトもある。

ローティの考え方でよいのか

橋爪　大澤さんはどっちだと思いますか？　ローティはプラグマティズムを的確に定式化しているのか、そうじゃないのか。

大澤　私の考えは「そうじゃない」ほうに傾いています。つまり、プラグマティズムの中でほんのわずかしか顔を出さないような前提を全部排除すればローティみたいな言い方になるんですね。けれども、そのほんのわずかな前提が、プラグマティズムのもっとも豊かな側面を可能にしていた。結論的にいえばローティは、プラグマティズムを的確に正しく抽出したというよりは、もっとも重要な部分を省略したというか排除したという感じです。

橋爪　つまり、プラグマティストじゃない？

大澤　それは定義の問題ですけれども、少なくともパースやジェイムズがプラグマティズムというものを動かし始めたときのいちばん重要なポイントは、そこで失われていると思いますね。

橋爪　私もまったく同じ印象をもちますね。ローティの本質は、ポストモダン的相対主義だな。それに尽きると思う。なんだかんだ言っているけど、自分の積極的主張はほぼゼロです。

大澤　積極的に主張しないのが偉いという立場ですからね。

橋爪　偉いかどうか知らないが、自分の積極的主張はほぼゼロで、ポストモダンのいろんなことはとてもよく知っている、こういう人ですよね。

ポストモダン的相対主義の特徴は、まず、複数の哲学体系がある。マルクス主義があって、フーコーがあって、構造主義があって、デリダの脱構築があって、そういえば現象学もあって論理実証主義もあって、いろんなことを全部勉強して、それぞれなるほどけっこうですね、と。で、そのどの立場に立ったとしても、他の立場との間に大変な矛盾や対立や葛藤が起こる。では、そのどれかの立場に立つのは、もう時代遅れでしょう、と。そういう、あまりにマジでダサいスタイルを取るまでもないでしょう、と。そういうのはやめて、横並びでいいじゃないですか、と。そういうことを言っている。あとは、誰が何をやっているか、おしゃべりを続けることが、哲学の課題です、と。

これはペシミズムで無能力主義で、哲学を放棄したのですけれど、まだ哲学をやっている。なぜまだ哲学をやっているかというと、大学で講義ができるから。アメリカでは、そういう知識人が大学に吹き溜まって、社会に対して何の影響力も与えない、そういう状況があるんだけど、そういう中でのいちばんの偉いさんが、ローティのような気がするな。

大澤　そうですね。ローティの名誉のために言っておくと、彼はそれでも捻りのある相対主義者ですね。

橋爪　良心的な人だと思いますよ。それに、見え見えの相対主義者だったら、すぐ打倒されてしまうし。

大澤　たとえばローティはアイロニーという言葉を使うんですね。私の造語に「アイロニカルな没入」というのがあるんですが、それはローティのことを意識しているのです。つまり、「なんちゃって」の意識をもっているということなんですよ。

「俺はこれが正しいと思うけど、これが絶対の真理と思ってないけど、俺にとってはこれなんだよね」と自分を相対化してもいるんですよね。つまり「俺はこの船に乗って、この船がいちばん立派だと思ってないけど、かといって別の船に行けないし、海に落ちたら死ぬだけだから、この船に乗っているしかないね」、そういう突き放した気分ですね。それはアイロニーというふうに言える。結論的にはあまり変わらないんですね。ただローティについて考えたのは、ローティが肝心のところを逸していているというのは事実そうだと思うんですが、プラグマティズムがそういうふうに見えてしまうというのがプラグマティズムの特徴であるとも思うんですよ。

ちょっと図式的に言うと、わかりやすさを優先させて単純化して言えば、そしてウェーバーの有名な本を念頭に置いて言うと、「プロテスタンティズムの倫理」と「資本主義の精神」。ある意味では、この二つはほとんど同じものです。しかし、「プロテスタンティズム」のほうから見ると、「神」が実にくっきりと見える。しかし、「資本主義」の側から見ると、それはまるっきり見えない。だまし絵みたいなものです。

プラグマティズムについても似たようなことが言える。ローティは、ある角度からのプラグマティズムの見え方を提示したのではないか。

最後にちょっとだけ続けていくと、ローティが亡くなって一〇年以上たちますけれど、現代思想的に言うと、ローティ的相対主義は終わりかけています。アメリカで現在活躍している哲学者でジョン・マクダウェルという人がいますが、彼はローティのことを「客観性恐怖症」だと言っているんですね。客観的なものがことごとく気に入らない病気にかかっていたと。

しかし現在、たとえば、一群の哲学者が、思弁的実在論と呼ばれる興味深い議論をたくさん提示している。二一世紀の哲学・思想は何らかの意味で客観的な実在をあらためて救いだそうとしている。ただその救いだしはそう簡単にはいかない。すでに、クワインのような人が相当面倒なことを示してしまっているわけですから。そのため、「解釈学的転回」の哲学よりもっと徹底的に実在を否定する哲学者もいる。具体的には、「世界は存在しない」と主張するマルクス・ガブリエルがそうです。多分、実在の復権をねらうベクトルと、逆に、世界そのものの実在性すら否定してしまうベクトルとは、同じことの二側面です。いずれにせよ、ローティはもはや最新モードではないです。

橋爪　アメリカには、「リベラル」と呼ばれている、それなりに大勢のグループがいるじゃないですか。民主党左派みたいな。また、中道と呼ばれている、民主党とも共和党ともつかないノーマルな人びとがいるじゃないですか。それから、宗教右派とか福音派みたいな人びとがいるじゃないですか。福音派は、信仰あつく、今どきこんなこと考えてるの？みたいな、ポストモダン的相対主義の正反対みたいな人びとですね。

ローティとか何だとかの哲学の人びとは、リベラルのほうにゴチャゴチャといるわけです。でもアメリカを動かしているのは、どうもリベラルではない。

大澤　明らかにそうですね。

橋爪　リベラルの時代は終わりつつあって、中道と宗教右派の連合体みたいなものが、いまアメリカの主役だという流れになっている。

プラグマティズムは、どこにあるかというと、リベラル～中道～宗教右派、という配置にあると思う。特に中道の人びとは、宗教右派と違って、どっぷり特定の信仰に没入してそこに帰属する、という態度をとっていなくて、アメリカらしさの最大公約数をつくり出そうとしています。それがアメリカの底流になっている。

「スポット」という考え方

橋爪　さて、ローティとプラグマティズムの関係についてもうちょっとだけ言えば、ローティはどこを見損なっているのか。

『プラグマティズム』というジェイムズの本の中で、印象的な言い回しは、「スポット」という言葉です。染みというか、斑点というか。我々の知っている知識はスポット、染みのようなものである。染みの反対概念は、体系でありドグマであり、ある完結した領域なのだ、と。プラグマティズムは、人間の知識はドグマでもないし完結もしていないし、不完全で部分的なものに過ぎないという直観があって、この前提の上に成り立っている。

これは、アメリカのコミュニティ体験のようなものです。彼らはふだん本を読む人びとではない。巡回説教師が来て、よさそうなことを言う。たまに本を読むと、良さそうことが書いてある。でもそれが、自分の生活を包み込むほど全体的なものかどうか、よくわからない。全体は何かというと、森で木を切り、畑を耕し、商売をし、この町で暮らす我々の生活経験。これが全体であって、知識というのは、そこにやって来るエピソードのようなものであり、いわばスポットだ、と。マルクス主義もスポット、論理実証主義もスポット、いろいろなスポットがあるけど、それは生活の全体の中で初めて意味をもつ。スポットとスポットが喧嘩をしたりするけれども、その共通の枠組みがあるということにしませんか、と。それぞれのいろんなコンセプトがあるけど、それは我々の生活のプラスになって、障害にならない範囲で、その存在理由を認めましょう、と。こういうことを言っているわけです。

だから、プラグマティズムとは、哲学であるように見えて、哲学ではない。ローティはやっぱり、プラグマティズムを哲学だと考えているんです。そして、スポットではなく、さまざまなシステムがあった場合に、そのどれが正しいか論というのをやっていて、それをいわば投げ出すのが、自分の立場だというふうに選択しているんですね。これはプラグマティズムとかなり違った発想であると思う。ヨーロッパの哲学の勉強のし過ぎだな。

大澤　なるほど。ローティがここにいたらまたどういうふうに言うか。

橋爪　それは面白いですね。ローティを呼んで、みんなで考えてみよう。

III

私たちにとってアメリカとは何か

1　なぜ人種差別がなくならないのか

なぜ奴隷がいるのか

大澤　アメリカは、ある意味では世界中の憧れの国みたいになっていますけど、じつはトラウマ的原罪ともいうべき問題を抱えています。二つの問題が絡み合っているのですが、ひとつはネイティブ・アメリカンの問題。長い間、ネイティブ・アメリカンが存在しないように扱われてきた。もうひとつは、アフリカ系アメリカ人に対する差別の問題。長い時間をかけて少しずつ改善されてきているわけですけど、いまだにひじょうに苦労している。

ヨーロッパの人が北アメリカに入植した頃、ヨーロッパには奴隷というのがいなかった。ヨーロッパが植民地経営に乗り出すと本国のやり方が植民地に移植されて新しい慣習になることがよくありますが、黒人奴隷に関しては、アメリカで新たにつくられるわけです。

しかし他方で、アメリカはヨーロッパに比べて圧倒的に平等な国ですね。トクヴィルが一八三〇年代にアメリカに渡った経験をもとに『アメリカン・デモクラシー』を書きます。トクヴィルはアメリカに関していろんなことに感心したり感激したりするわけですが、その中のもっとも大きなもののひとつは、フランスは革命があったのにまだ実質的な階級差別が消えていないのに対して、アメリカは圧倒的に平等な国であるということです。
けれども、その陰で、人種に関しては、きわめてはっきりとした差別もあったわけです。そうすると、世界でもっとも平等な国になぜ人種差別だけは顕著に残り続けて、それから脱するのにこんなに苦労するのかということが疑問になります。

橋爪 身分のせいで、不平等。奴隷だから、不平等。どちらも不平等だけれど、まったく意味が違います。ヨーロッパには身分があるが、奴隷はほぼいなかった。アメリカには身分はないが、奴隷制ができた。この違いは大きいのです。
身分のほうは話すと長いが、移民の国に、身分制を抜け出した人びとが移住してきた。だからアメリカには身分がないし、ないことが国の理念なのはわかる。ではなぜ、人種差別になってしまったのか、という問題ですね。
まず、ヨーロッパにも、奴隷制度自体がまったくなかったわけではない。

大澤 それはそうですね。

橋爪 奴隷は、古代では合法的な制度で、聖書にもそう書いてある。イスラム世界もそれを前提にしている。ただキリスト教は、キリスト教徒を奴隷にしない慣習ができ、イスラム世界もイスラム教徒を奴隷にしなかった。その結果、キリスト教、イスラム教が広まると古代の奴隷社会は消えていったんだけれども、それでも少しは奴隷が残っていた。奴隷のほかにも、奉公人、使用人のような、完全な権利をもっているわけではない人びとがいる。それも合法、というのがキリスト教徒の考えだった。

　その上で、なぜアメリカに奴隷制が残ったかと言うと、カトリックでなくプロテスタントだったことが大きいと思うのです。カトリックは、教会がひとつしかないので、教会のメンバーは人種や社会階層を問わず、同列に扱われます。混血も起こりやすい。それに対してプロテスタントでは、教会がいくつもあるので、人種や社会階層ごとに別々の教会に行くことになる。普遍教会の考え方がない。

　いちばん典型的なのは南アフリカですね。南アフリカに広まった宗派は、生まれついての奴隷がいるという聖書解釈をした。奴隷は奴隷となるために、神が創造したのだ、みたいな。相当めちゃくちゃで、聖書のどこにもそんなことは書いてないのだが、プロテスタントからはそういう教会も出てくる。

大澤　なるほどね。

橋爪　アメリカはそこまでではないが　カトリックではない。アフリカ系の人びとははじめ教会に行かず、あとではおおむね、白人とは別の教会に行くようになった。

アフリカ系であることを隠す

大澤　アメリカでは奴隷自体は一九世紀中頃過ぎに解放されたわけですが、それが終わった後も長い間人種差別に苦しんでいる。これはどんな教科書にも書いてあるし皆が知っていることですが、私がこのことがより気になってきたきっかけのひとつに、アメリカの作家、フィリップ・ロスの『ヒューマン・ステイン』という小説があります。映画にもなっていて日本では『白いカラス』というタイトルでしたが、原題は「人間の染み」とか「人間の穢れ」といった意味ですね。

物語の背景はクリントン政権の時代、モニカ・ルインスキー裁判が起きている頃のことで、作品には、あの時代のアメリカがもっていたポリティカリー・コレクトネス的なものに対する批判的な目も籠っています。主人公は、古典語か何かを教えている大学教授です。簡単に言うと、彼がアカデミック・ハラスメントで辞めさせられるという話なんですが、ことの発端はこうです。授業にちっとも出席しない学生が二人いて、教授は「奴らはスプークのようだ」と言うわけです。スプーク（spook）という言葉にはいろんな意味があって、まずゴースト、幽霊ですね。教授はもちろんそのつもりで使ったのです。ところが、スプークは黒人を指す差別語でもあるのですね。たまたまその二人はブラックだった。学生は一度も出席していないので教授は彼らがブラックであるなんて知らないのですが、彼らは自分たちを馬鹿にする発言を教授がしたと他の学生から聞いて、大学当局に訴えるのです。教授は、大学の査問委員会で「スプークは幽霊だと辞書に書いてあるじゃないか。そういうつもりで言ったんだ」と反論するのですが、言われた側が黒人であり差別語だと受け取ったんだからだめだということで、結局その教授は大学を辞めさせられてしまう。そのショックで奥さんが心臓発作で倒れ、死んでしまうなどたいへん悲惨なことになるわけです。ここまでは、ストレートな話ですが、この話には難しい裏があることがやがてわかってくる。

その教授にはひとつ大きな秘密があった。実は彼自身がアフリカ系なのですね。ただたまたま比較的肌が白く生まれた。彼の両親や兄弟はすごく黒かったのですが、彼だけは肌の色が比較的白人に近かった。自分はほんとうはアフリカ系であるということを周囲に秘密にしていたのです。代わりに、実際にはそうではないのに、自分はユダヤ人だということにしている。彼はアフリカ系だということを、奥さんにさえ秘密にしており、結婚したときにも、妻を親に会わせなかった。あの査問委員会で、自分だってアフリカ系であると言っていれば、人種差別発言だという疑いは一挙に晴れたはずなのに、彼は、そのことをどうしても告白できない。職と名誉をすべて失うという不利益を被ってまで、彼は自分がアフリカ系であることを秘密にした。

一九九〇年代の終わりであっても、アフリカ系であるということがそこまでまだスキャンダラスな意味をもつ。そこまで秘密にしておきたい状況になっているアメリカっていったい何なんだと、そのときに強く思ったのです。

個人が背負う負の遺産

橋爪　自分が正しいアメリカ社会のメンバーだと思えるかどうか、の問題ですね。

差別を受けると、差別されることの被害のほかに、自分で自分を肯定しにくい精神構造が生まれてしまいます。差別されることの被害は、環境が変わったり時間がたったりすれば解決するはずですが、精神構造のほうはもっと尾をひくかもしれない。

なぜ、そうなるのか。

アメリカは、自発的にアメリカをつくろうと決意した人びとが国をつくり、移民もそれに加わりました。このストーリーからはみ出す人びとは、ネイティブ・アメリカンと、アフリカ系の人びとです。どちらも不本意なのが明らかです。不本意なら選び直せばよさそうだが、選び直すストーリーをつくるのがとても難しい。このトラウマ（外傷）がアメリカにはあって、克服できないままなんじゃないか。これこそ、歴史問題ですよね。ほんとうは、アメリカとアフリカとの歴史問題なんですけど、それが、アフリカ系の人びとと一人ひとりのうえに、負の遺産としてのしかかっているのです。でも、これをアイデンティティの核とするしかない。

大澤 そうですね。だからアフリカ系ということがそこまでネガティブ・アイデンティティになってしまう。この小説のケースだと、主人公の父親はすごく有能な人なのですが、アフリカ系であったために大した仕事にも就けない。主人公は子どもの頃、自分の父親がどこに勤めていて、どんな仕事をしているのかを、知らないんですよ。あるときその父親が、職場で倒れてしまう。その人は、知的で、古典の知識もあるような人だったのですが、やっていた仕事は列車の食堂車のウエイターだった。主人公は、父親がそういう仕事をしていたことを彼が倒れたときに初めて知って、ものすごくショックを受け、自分は絶対に黒人としては生きないぞという決意をしていくという物語なんです。

二〇世紀の末期、次の次にアフリカ系の大統領が生まれてくるような状況であるわけですが、その段階でもアフリカ系であるということを告白できない。アメリカにおけるブラックに対する独特の感覚はこれほどまでに根深いということは、日本人が理解しにくい点として確認しておきたいですね。

なぜ奴隷制だったのか

大澤　アメリカ人は歴史的事実としてアフリカ系の人を奴隷にしているということに対して、奴隷解放が来る前からかなり葛藤というか自分自身の中に矛盾感をもっていたと思います。建国の父たちにしてもたくさん奴隷をもっていたりするけれども、それに対して微妙な後ろめたさみたいなものをもっていたと思うんですね。だからアフリカ系への差別というのはアメリカにとって内的な矛盾みたいなものとしてある。

私がいちばん重要なポイントだと思っているのは、アメリカの移民、とりわけアフリカ系への差別だけがなかなか消えないという問題の原点には、キリスト教のもっている選民思想があるのではないかということです。

たとえばユダヤ教はユダヤ人が救われる。キリスト教はそれと違って一種の普遍主義ですから、そういう観点で見れば反差別的な宗教です。誰もが救われる可能性はあるのです。しかし他方で、救いへと選ばれている人と選ばれていない人がいる。つまり、選民というアイデアがあるわけです。選ばれている人は原理的には個人単位のはずですが、選ばれるはずの者には連帯がある。そのことが、アメリカのプロテスタントにおいては、教会や宗派が細かく分かれていたという事実と関係しているように思います。カトリックはひとつの教会しかない。アメリカでは宗派というものがたくさんできる。宗派が細かく分かれ内的な結束力が高まるのも、それが「選民」のイメージと結びついているからではないでしょうか。救われるべく定められている人の間の連帯が、宗派の連帯の根拠になっている。その問題がやがてエスニックな集団に――ほんとうは人種単位で救われるわけではないんですけど――投影されていく。

だから選民思想の中に、普遍性に向かっていくベクトルと、救われる者と救われない者とに厳然とした区別をつけなければいけないとするベクトルと、二種類が働いているのですね。

その葛藤の社会的なあらわれが究極的には人種問題に影を落としているというのが私の解釈です。他にもいろんな理由があるんですけれども、ひとつのポイントとしてはそう感じています。

橋爪　アメリカの奴隷制は、つくられた側面が強い。アメリカのひ弱な産業が、国際競争にさらされた結果なのです。

北部のニューイングランドは、工業でやって行けそうだった。南部は、大農場経営で、奴隷の労働力が必要だった。北と南では貿易構造も、国家経営の戦略も違った。

奴隷をどのように生産したか。

奴隷商人は、アフリカで、部族と部族を戦わせた。負けた部族は捕虜になり、奴隷になる。それをアメリカに、商品として輸出した。奴隷は所有物である。アメリカでは、所有権は神聖だから、それを否定するわけにはいかない。結果、奴隷がどんどん増えていくのです。

こうした南北の矛盾が行き着くところ、戦争になりました。

北部の人びとは、奴隷に反対して、戦争にも勝ったので、気持ちが晴れたかと言うと、やはり大きな傷が残った。まず、被害があまりにも大きい。南北戦争は、両軍あわせて五〇万人の犠牲者を出した。鉄道で兵員を輸送したから、前線につぎつぎ兵員を送りこむことができ、戦死者が多く出た。一九世紀最大の戦争と言ってよいのです。リンカーンは演説する。なぜこんな大戦争になったか。それは人間を奴隷にしていた南部の人びとと、それを放置していた北部の人びとの犯した罪に対して、神が与えた罰である、と。戦争に負けた南部の人びとは、北部の人びとに輪をかけて、鬱屈した感情を抱えることになりました。

奴隷だった人びとが解放されて、問題が解決したかと言うと、新たな苦難が待っていました。大農場から北部の都市に移っても、仕事がなく、コミュニティもない。大農場では白人も黒人も顔見知りだったのが、都会ではかえって交流がない。差別はむしろひどくなった面さえあった。

奴隷制の階級的側面

橋爪　アメリカでタクシーに乗って、ドライバーに出身地を聞くと、カリブ海です、アフリカです、と答える。同じ黒人だけど、奴隷出身じゃありませんよ、という誇らかなニュアンスをかすかに感じる。逆に言えば、奴隷の子孫だとされてしまう、アフリカ系アメリカ人の苦渋が思いやられます。

大澤　たしかにアメリカの奴隷問題というのはストレートに産業化とか資本主義化の流れで考えられる部分があると思います。すごく遅れているから、前近代的だから、資本主義の外にいるから奴隷がいるわけじゃない。アメリカの南部が当時のグローバル資本主義の中にむしろきっちり組み込まれていたということが、奴隷制度が生まれた原因のひとつだと思います。

資本主義はいつもそうですけど、どうやって廉価な労働力を調達するかということが問題になるわけです。奴隷は賃労働者ではありませんが、ともかく、買うときは少し高いかもしれないが、労働力としてトータルに計算すれば圧倒的に安く済む。つまり安い労働力をどうしても必要とする経済システムの中に入っていることが、奴隷制を要請した。

だから黒人問題はある面では階級問題、プロレタリアート以下のプロレタリアートというところがまずあると思います。

罪責感の正体

大澤　ただそれだけだとずっとその後も続いていく黒人のアイデンティティ・クライシスについてうまく説明できない部分がある。そこでリンカーンの話はひじょうに重要だと思います。私たちはリンカーンは立派な人でしたと、なんとなく大雑把に考えてしまうんですけど、私がリンカーンのやったことで重要だと思うのはこういうことです。

南北戦争でものすごい犠牲が出るわけですけれども、考えてみると犠牲者を少なくして単純に解決するということを優先した場合には、戦争をしない手、つまり二つの国に分かれてしまう手があったはずなんですよね。こっちに黒人奴隷なんか使いたくないという国があって、他方にはそれを合法的に使えるという国がある。というかたちで、二国に分かれたら簡単なのですが、リンカーンは、きわめて大きな犠牲を払って奴隷解放をして、ひとつの国であることに固執し続けたわけです。

それはなぜか。明らかに、黒人奴隷を使っているということに対して深い罪責感があるわけです。それを放置しておくこと自体が許せない、ということになるわけですね。

アメリカに奴隷がいるということに対してアメリカ人は矛盾した感覚をもってきた。その矛盾が極点に達したのがリンカーンのときで、そして解放までもっていく。それでもいろんな問題が残り続けて、後に公民権運動なども出てくる。そしてそれでも、なお問題が続く。奴隷がいたという過去が解消できない矛盾のようなものとしてアメリカ社会の中に組み込まれていて、それは主観的にはものすごく重い罪の意識としてあらわれる。

それを日本人はよく理解していない。リンカーンは単純にただ悪い制度を直したみたいに言うのですが、重要なのは、きわめて大きな犠牲を払っているのに国を割らなかったということです。そのことの背景にあるのは宗教的な意味での罪の意識ではないかと思います。

排他的なコミュニティ

橋爪　もうひとつ、アメリカの理念のことも考えないといけない。

南北戦争は、犠牲は大きかったけど、合理性があった。今のアメリカ人はみなそう思っていて、南北戦争の犠牲者は記憶されるし、誇りに思われている。

奴隷が解放されたのに、なぜ簡単に差別がなくならないのかと言うと、アメリカのコミュニティのつくられ方に関係がある。

移民はみな、安全のため、出身地の同じ人びとがなるべく固まって住むわけです。まとまって住むことには、部外者を排除するという作用もある。

ちょっと前に『サバービコン』（二〇一七年、ジョージ・クルーニー監督）というアメリカ映画が公開されました。史実にもとづいた、サスペンスものですけど、一九五〇年代の、絵で描いたような郊外の住宅地に、ぽつんと黒人の一家が引っ越してくる。一時間後には、あたり一帯に知れわたっているわけです。家の周りに大勢で押しかけてきて、口汚くののしり、騒音を立て、周囲を塀で囲う。最後は家を燃やして暴動になるのですが、実際にそういう事件が起こったらしい。

ふつうはそこまでやらないで、よそ者が入ってくると、元の住民はどこかに引っ越してしまうわけです。地価も下がっていく。地価が下がるとますます多くの新住民がやってくる。しばらくたつと、すっかり住民が入れ替わってしまう。

これが、差別を再生産するのです。アメリカのコミュニティは、地元の税金で学校や公共施設を維持しているんですね。連邦の補助金はあんまりない。下町のスラムは、所得が低い人びとが多いから税収が上がらず、学校はボロボロで教員の待遇も悪い。郊外の住宅地は豊かな人びとが住み税収が上がるので、学校にお金をかける。すると住みたいひとが増え地価が上がって、資産価値が保全できる。よい投資なのです。家賃も上がるので、低所得の人びとが入ってこない。アメリカのコミュニティは、差別の再生産でできていると言ってもいいくらいです。

このような現状への対策が、アファーマティヴ・アクション（積極的差別是正措置）です。

マイノリティの人びとの大学の合格点を、少し低くする。低所得の人びとのコミュニティに補助金を出して教育を支援する。などなど。昔は、白黒バス通学、というやり方までありました。民主党はこうした政策に熱心です。

コミュニティがこのように分かれていることの根源は、分離（セパレーション）です。みな、似たようなひとと一緒に住みたいと、潜在的に思っている。キリスト教の信仰から来ているとも言えるし、安全を考えてそうなっているとも言える。これが、アメリカなのです。

選ばれたという自負

大澤　なるほど。特に反論すべきことはないんですけど、私としては先ほど言った、アメリカにおける選民意識のもっているパラドクスを強調しておきたいと思います。

原理的にいえばキリスト教全般の問題ですけれども、わざわざ新大陸に来た人たちというのは自分たちは救済されるべき特別の運命にあるという強い気持ちをもっていたと思うんですね。それはいろんなところに書いてあります。しかし、アメリカが大きくなっていったときに、状況が変わってくる。初めのうちは移民たち全員が特別な運命で来ているような気分でしょうけれど、どんどん後から入ってくる人たちがいる。そうすると、そういう人たちまでほんとうに選民の運命共同体の中にいると思えるかどうか。それは、ひじょうに難しい。

たとえば、独立前のイギリス植民地に関してさえ、「病めるよるべなき人」が安堵と健康をとり戻す「故郷」であると謳っていたフランクリンは、移民を批判した最初の人びとの一人でもあります。フランクリンはドイツ系の移民がけしからんと言っています。当時のドイツ系の移民は貧しく、水準の低い生活をしていた。彼らがその自堕落な生活や低賃金の労働をやめ「アメリカ化」できなければ、救われるべく運命づけられている共同体の一員とは見なしえない、とフランクリンは思っていたのです。

アメリカ精神の根本にあるような人ですらそうなのです。

ここに来た人たちの中で誰がほんとうは選ばれているのかということが問題なんですよね。

アメリカで教会が細かく分かれるとか、あるいは宗派というものが発達するというのも、そこに原因があるような気がする。ほんとうはカトリックだってその問題は残るわけですが、信者の全員が教会という全体に含まれていて、自分がほんとうに救われるグループにいるかという先鋭な自覚化が起こりにくい。しかし、わざわざアメリカに来た人たちは自分たちはやはり特別に救われているはずだと強く思っている。すると、後からそうじゃない人たちが入ってくると、その人たちと自分とは区別したいわけです。そういう区別の最後の根っこみたいなものとしてアフリカ系の人が残っている感じです。

だからアメリカの差別を見ていると、もちろんまず基本的に我々人間というのは自分と似たタイプと一緒にいたほうが安心だみたいなことはありますが、そういう問題よりももうちょっと根が深い気がします。人種差別に対抗する平等のイデオロギーのもっとも重要な要素もキリスト教から調達されているが、しかしキリスト教のもっている選民思想というものが屈折すれば差別に繋がりうるという難しさももっている。私としてはそういうふうに考えています。

橋爪　たいていのアメリカ人にはホーム・カントリーと言えるものがあって、そこに自分の拠り所があると安心することができるんだけれど、アフリカン・アメリカンの場合にはホーム・カントリーにあたるものがはっきりしない。追うのも難しい。

だいぶ前に、アレックス・ヘイリーの『ルーツ』という小説とテレビドラマが大ヒットしました。それがヒットしたのは、アフリカン・アメリカンのルーツをたどることができた話だったからですね。でも、主人公のクンタ・キンテはアフリカで自由民だったのが捕虜で奴隷になりました、という話が描かれたんだけど、自由民だったクンタ・キンテがどういう文化や伝統をもっていて、それが今のアメリカの子孫とどういう関係にあるかは描かれなかった。そこがあいまいなままなのが、この問題の難しさです。

スパイク・リー監督の『マルコムX』（一九九二年、アメリカ）は、やはりアイデンティティ確立に苦しむアフリカン・アメリカンの話です。主人公のマルコムXは進学の夢を絶たれてチンピラになり、白人の真似をして髪をストレートにしたり派手なスーツを着たりしていたのですが、刑務所でムスリムに改宗し、ブラック・ムスリムの運動の幹部になる。しかし、白人を悪魔と教える教義に疑問を抱いて組織を離れ、白人との融和を唱える新しい組織を立ち上げたところで暗殺されてしまう、という悲劇を描きます。

アフリカン・アメリカンの英雄はやはり、マーティン・ルーサー・キング牧師ですね。公民権運動の指導者として活躍し、暗殺されてしまいました。黒人であることをそのまま肯定する姿勢、非暴力に徹する姿勢は、多くのアフリカン・アメリカンに希望を与え、黒人以外のアメリカ人にも感銘を与えたのです。

大澤　なるほど。アメリカは移民の国とされていますが、移民はみな、アメリカの外にホームやルーツをもつ。アフリカ系の人だけが、事実上、そのようなホームをもつことがかなわない。マルコムXの「X」というファミリーネーム、不定値のファミリーネームは、ホームの不在を象徴していますね。

2　なぜ社会主義が広まらないのか

マルクス主義アレルギー

大澤　なぜアメリカに共産主義や社会主義が広まらなかったのか。アメリカ共産党というのが今も形式的にはいちおうありますし、社会主義勢力も厳密に言えばいろいろあると思いますが、しかし現実としては弱いですね。すべての資本主義国は、社会主義体制にならなかった国も含めて、かなり有力な社会主義イデオロギーが発達します。日本でも、もちろんそうです。社会主義者、無産主義者、無政府主義者たちは弾圧された時期があります。それに比べるとアメリカには合法的な弾圧はなかったわけです。戦後マッカーシー旋風はありましたけど、今は悪い歴史としてしか言及されません。だから極端に社会主義が非合法化されているわけでもない。

では、アメリカは社会主義が出ないほど資本主義がうまくいっていたのか。もちろんアメリカの資本主義はある意味でうまくいっているのかもしれませんが、しかし資本主義というものが生み出す問題は、うまくいっているだけに、階級問題などとしてはっきりあるわけです。つまり社会主義が生まれる土壌はほんとうはあるはずなのに、異様なほどに発達しなかったのはどうしてなのか。それを考えると、アメリカ的なるもののエートスの核が見えてくるのではないか。これが私の提案です。

橋爪　たいへん大事な提案ですね。

日本人は、福祉はいいことだと、だいたい誰もがいちおう思うわけです。自民党だってやっているのは、だいたいそれです。

でもその感覚が、アメリカにはない。なぜかというと、やはり人びとの考え方の根底に、キリスト教があるから。それも、アメリカ的なキリスト教なんですね。

キリスト教の基本は、神と人間とをはっきり区別すること。神のわざ／人間のわざ、を区別することです。神のわざ（神のやること）は、正しい。人間のわざは、しばしば正しくない。人間のわざは、神に命じられたことを行なう場合にだけ、正しい。人間のわざであっても、そこに神の意思が働くからです。

さて、政府。政府は、人の集まりです。政府のやることは、人のわざ、です。ゆえに、正しいとは限らない。いやむしろ、たいていの場合は間違っていると考えたほうがいい。

政府は信用ならない。政府より神のほうが、信頼できるのは明らかです。社会主義とか福祉とかは、何をやるかと言うと、まず政府が税金を取る。すべての人びとから税金を取って、それを財源に、人びととの生活にとって必要なサービスをいろいろ行なう。そもそも政府は、そんなことを行なう必要がない。それに、人びとが政府に依存するようになるのも望ましくない。政府がやらなくても、自分たちで財団をつくってやるからそれで十分だ。こういうふうに考えるのですね。

アメリカ人は、福祉より寄付を好みます。寄付は、個人がやることである。個人は、信仰をもち、神の声を聞くことができる。福祉は、政府がやることである。政府は、信仰をもたないので、神の声を聞くことができないのです。

社会主義は主体性を奪う？

大澤 ソーシャリズムという言葉がいつ頃アメリカに渡ったのか。この言葉が発明されたのは、フランスです。ほどなくしてアメリカに渡っている。もちろん、一九世紀のことです。ほぼ同じ時期に個人主義、インディヴィジュアリズムという言葉もヨーロッパからアメリカに渡っている。フランスなどヨーロッパの文脈ではソーシャリズムは基本的にポジティブな思想なんですよね。逆にインディヴィジュアリズムには、どちらかというとネガティブな含みがあった。ところがアメリカに渡ったら逆に、ソーシャリズムは悪い意味になり、インディヴィジュアリズムこそ良いものになる。インディヴィジュアリズムは、アメリカの気分にすごくぴったり合うという感じで定着した。ロバート・ベラーが、『破られた契約』でそのように論じています。

アメリカ人の行動を見ていて思うのは、次のようなことです。たとえば社会主義や、あるいはそれに近いアイデアや体制のもとで社会福祉政策をするというのは、「人にやってもらう」性格のものですよね。自分の主体性を他の人間に預けることをひじょうに嫌うというか極力避けたいという意識構造が、アメリカ人にはあるように思う。だから政府の世話になることも極力避けたい。二〇世紀になると、ニューディール政策みたいなものも出てくるので、政府の介入は受け入れられるようにはなりますが、アメリカ人はそこにすごい抵抗を感じていたと思います。

個人の私的所有とか主体性というものが奪われるということは、客観的には、別に政府によるものだけではない。近代社会のシステムを見ると、たとえばマルクス主義的に言えば、自由に見える労働者もほんとうは自由ではなく、実質的には、資本家に私的所有権を奪われているなどと言えるわけですが、企業や資本など、そういう私的な主体に「搾取」されていることは、アメリカ人はあまり気にならないんですね。しかし、制度化された公権力に、自身の主体性を奪われ、依存するようなやり方には、アメリカ人は、ひじょうにネガティブな感覚をもっている。

もしかするとおっしゃるように、根を探るとアメリカのキリスト教があるのかもしれません。誰かに助けられて救われた。その誰かが正しいかどうかわからない。そういうことに関してはすごく抵抗感があるんだと思います。

橋爪　誰か他のひとじゃなくて、政府だからなおいけないのではないでしょうか。組織だからいけない。組織なのに例外的に許されるのが、教会ですね。

大澤　神に繋がっていますからね。

橋爪　はい。政府はどこまでも人間の集まりなので、これくらい悪いものはないんですよね、魂がないし。

大澤　企業の場合はいちおう、個人と個人の契約ですからね。

橋爪　はい。

大澤　奪われても自己責任的に奪われているだけである。公権力は上からきてしまうのでけしからんということになる。客観的に見ればどっちもどっちじゃないかという気がするんですけどね。

橋爪　それは、日本人的な感覚なんです。

大澤　そうなんですよね。アメリカと日本は根本的に違う。

橋爪　そう、根本的に違う。

大澤　だから思いきり大企業に搾取されてもそれほど気にならないけれど、ちょっと税金を取られると、それはどうなのかということになる。

橋爪　そうなのです。

ヨーロッパはなぜ福祉社会か

橋爪　しかし、ヨーロッパだってキリスト教なのになぜあんなに福祉社会になって、アメリカはやはりキリスト教なのになぜあんなに自由主義的で、新自由主義的なのか。

ヨーロッパは、ウェストファリア条約体制のもとにあるから、君主ごと政府ごとに信仰が割り当てられているという感覚が、どこかにあるわけです。イギリスだったら英国国教会とか。フランスはカトリックですが教会の影が薄く、むしろ哲学の国ですね。それからドイツはルター派。実際には三分の一くらいカトリックがいるんですけど、ルター派が主流です。フィンランドとかスウェーデンとかも、おおむねルター派で、カルヴァン派の色彩は薄い。カルヴァン派は、イギリスやアメリカに残っているのですね。それから、ポーランドがカトリックで、ロシアがロシア正教で、というふうに、国ごとの宗派の色分けがはっきりしているわけです。さまざまな宗派が混在している、というふうになっていない。

そこで、公定教会という考え方があって、政府が税金を集め、教会の費用を支払う仕組みがあります。第一部でのべたとおりです。ドイツでも政府から、ルター派の教会の運営費が出ているはずです。

大澤　たしかドイツでは論争になっていますね。ルター派だけ特別扱いなのはおかしいのではないか、と。

橋爪　牧師さんの給与が出れば、公務員みたいになってしまいますね。

公定教会という考え方があると、教会は、職務として福祉をやるようになります。シェルターをつくって、夫の暴力から逃げてくる女性を受け入れるとか、恵まれない人びとにいろんなサービスを提供するとか。これは税金なんだけど、神の意思によって隣人愛を実現するためにやっているわけです。カトリックではカリタスと呼び、プロテスタントではディアコニアと呼ぶのだが、要するに教会のやる福祉ですね。

さて、政府も福祉をやっています。政府のやる福祉と教会のやる福祉がどういう関係にあるのか、よくわからなくなります。並行して、だいたい同じことをやっている。この間そういう仕事をしている人の話を聞くチャンスがありました。どうやっているのか聞いたら、連携してやっています、とのことでした。

こういうやり方なので、「税金で福祉をやるのは、当たり前だ」という感覚になるのだと思います。それで、行き届いた健康保険とか、手厚い年金とかを整える流れになり、どこからも反対が出ない。そもそも教会が反対しない。それで納税者も、高福祉高負担でまあいいか、ということになります。

大澤　なるほどね。

橋爪　さて、アメリカではこれが禁止なんです。

まず、公定教会が存在してはならない、とみんなが思っている。連邦政府は、どの教会にも税金を使ってはいけない。教会も、連邦政府と繋がりをもたない。あちこちの教会はそれぞれ、信徒から集めた募金で、さまざまな事業をやる。すると人びとは、「税金で福祉をやる？　何それ？」というふうに思うのです。政府が福祉をやることを、教会が正当化してあげるという論理がゼロなのです。

これが、ドイツや北欧などのように、どれかひとつの教会が政府と繋がりをもち、公定教会の地位にあるシステムと、アメリカとの違いだと思います。

大澤　まったく正しいと思います。

「社会」を信頼しない

大澤　市野川容孝さんがその名も『社会』（岩波書店、二〇〇六年）という本を書いています。これはなかなかいい本で、「社会」という言葉——society, societé, Gesellschaft——の含意を研究している。日本語の「社会」は、それら西欧の語の訳語として造られた語ですが、人間の集まりというくらいでとてもニュートラルに使われますが、ヨーロッパの文脈で「社会」という言葉がいかに独特な倫理的な含みをもっていたかということを証明してくれています。

しかし、アメリカでは「ソーシャル」はどちらかといえばネガティブな意味になってしまう。橋爪さんがおっしゃったとおり、ヨーロッパでは信仰の自由といっても領邦ごとの問題で、もともと、厳密には個人レベルの自由はなかった。信仰の繋がりも、まさに「社会」をベースにあるわけです。でもアメリカに移っていったプロテスタントの場合、信仰は厳密な意味で個人的な選択ですから「この領域だからお前は強制的にカルヴァン派だぞ」みたいなことはとんでもない。信仰が事実上は領域ごとに社会的に選ばれて、その中で福祉政策と一体になっていたところと、真の意味で個人の選択のレベルにある人たちとの違いはひじょうに大きいと思います。

それから、国ごとにＧＤＰのどれだけが再分配されるかということ――再分配率――に違いがあるわけですが、その違いを規定する要因は何かを調べた研究がたくさんあります。たとえば高齢者が増えてくると再分配率も増えるのではないかとか、男女差別があるようなところは再分配率は低いのではないかとか、国会議員における女性の比率と再分配率の相関関係はあるのではないかとか、関係のありそうな変数はたくさんあるわけですが、たいていの変数は再分配率とあまり強い相関関係がない。

ところが、シグルン・カールという学者が、再分配率ときわめて強く相関している変数を発見した。それは、キリスト教の違いなんですよね。カトリックとプロテスタント、プロテスタントの中でもルター派とカルヴァン派。結論的に言うと、ルター派系の地域が再分配率がもっとも高い。つまり税金が高くても文句を言わないということですね。再分配率がいちばん低いのは予想がつくとおりカルヴァン派が強い地域です。両者の中間がカトリック。同じプロテスタントでも、ルター派とカルヴァン派は対照的です。政府に強制的に税金を徴収されてそれを福祉に充当するというシステムを許容できるかどうかには、税を納める者がキリスト教のどの宗派に属しているかということがものすごく利いている。それが律儀な実証研究によっても確認されているんですね。

橋爪　なるほど。

そうした違いがある理由は、ヨーロッパやアメリカの人びとには明々白々なんだけど、日本人は全然ピンとこない。ルター派とカルヴァン派はよく似ている、とか思ってしまうんですね。どこが違うのか。

似ている点もあります。カトリックも、ルター派やカルヴァン派も、幼児洗礼がある。幼児洗礼があると、家族が一緒に教会に所属できます。幼児は信仰があやふやなので、信仰に目覚めた大人が洗礼を受けるべきだ、という考え方もあるが、それだと再洗礼派になってしまう。ドイツでは弾圧され、ほぼ根絶やしにされました。いっぽう、だいぶ時間がたってからバプテストという宗派が生まれ、アメリカでとても大きな教会になりました。幼児洗礼を認めず、他宗派の洗礼も洗礼と認めません。第I部でのべたとおりです。

さて、カルヴァン派がルター派といちばん違うのは、やはり、救済予定説です。罪ある人間を救うか救わないかは、神が決める。人間は口を挟めない。人間のわざは、一切関係がない。ルター派はそのあたりがなんとなく曖昧なのですが、カルヴァン派は理詰めで厳格です。このカルヴァン派が、アメリカのプロテスタントの底流にあるのです。

アメリカのプロテスタントは、カルヴァン派がベースなので厳格で、ちょっと意見が違うとすぐ別の教会に分裂してしまうのですね。ですから、すべての教会は横並びで、政府と関係してはならない。公定教会などとんでもない。アメリカで福祉や社会主義が不人気なのは、こうした前提があるのだと思います。

社会主義への芽

大澤　ちょっと読者のために付け足しておくと、アメリカの思想史を見ていくと、客観的に言って社会主義的な思想がかなり有力になるときもあるにはある。一九世紀前半に、そんな時期が一度あって、その後に南北戦争になるのでそちらのほうが重要になって社会主義は消えてしまう。それからアメリカ社会党というのが二〇世紀の初め頃にできます。だいたい第一次世界大戦の終わりくらいまで続いてそれなりに影響力があったりしたと思うんですね。

特に一九世紀前半には重要な人が社会主義的なことを言っていて、ウィリアム・ジェイムズのお父さん、ヘンリー・ジェイムズ・シニアは簡単に言うと財産の共有制、富の蓄積は個人単位でなされるべきではなく共同体に帰属する形でやるべきだというような思想をもっていました。第Ⅱ部で出たエマソンもそうですよね。考えてみればエマソンとかソローは市場経済自体を否定しているところもありますから当然ですけれど、そういうふうに社会主義らしき芽がアメリカにも出てくるんですよね。しかし結局は根付くことがなく、社会主義的な思想が出てきたときも、俺たちを「社会主義者」と呼ぶのはやめてくれみたいな感じがある。その究極の源泉をたどると、橋爪さんがおっしゃった宗教的な問題が絡んでくるのだと思います。

さらに付け加えておくと、特にマルクス主義の場合、かなり明白に無神論みたいなことを言うじゃないですか。それからヨーロッパの知識人の場合、キリスト教に対して比較的シニカルになったりちょっと馬鹿にすることのほうが前衛的だぞ、カッコいいぞみたいなところがあって、社会主義が道徳化するのを拒否するような流れがあります。それに対してアメリカにはそういう風潮がないんですよね。むしろ宗教的な含みとかそれに絡んだ道徳的な含みがないというのはすごく冒瀆的に見え、忌避される。同じキリスト教をベースにした文明でありながら、いろんな意味で正反対になっていますよね、ヨーロッパと新大陸では。

カルヴァン派が原因か

橋爪　社会主義やマルクス主義が受け入れられる国を考えてみると、まず、フランスですね。フランスは、カトリックですけれども、哲学の国なのです。哲学と、社会主義やマルクス主義は、親和性が高い。哲学は、ま、言ってみれば無神論なのです。そして、ドイツ。ドイツはルター派がベースです。ユダヤ人にはマルクス主義者が多かった。あとは、ロシア。イタリア。正教も、カトリックも、マルクス主義や共産主義に親和性が高い。

いっぽう、イギリスが、マルクス主義と親和性が低いじゃないですか。イギリスは国教会だけど、国教会は教義の点から言うと、カルヴァン派に近い。

と考えてみると、アメリカが社会主義や共産主義を拒絶しているわけじゃなくて、カルヴァン派だから拒絶しているのじゃないか、と私は思いますね。

大澤　ちょっと細かいことを言うと、フランスが哲学になりやすいのはプロテスタントがないからなんですよね。プロテスタントの代わりに仕方がないから啓蒙思想が入ったりするという感じ。他の国であればそこでプロテスタントが果たす、カルヴァン派が機能したかもしれないようなことを啓蒙思想以来の哲学が担う構造になっている。

イギリスとアメリカの違いについて言えば、カルヴァン派的なもののポテンシャルをアメリカにもっていくとしがらみがないので、そのままのカルヴァン派になる。イギリスはほとんどカルヴァン派みたいになってはいてもイギリス国教会のコンテキストでやっているので、ポテンシャルはあるんだけれども完全にアクチュアライズしないということなのではないかと思います。ですからアメリカの特徴というのはたしかにカルヴァン派の特徴なんですよね。

小さな政府がよい

橋爪　カルヴァン派の中にも福祉という考え方はあるし、みな熱心にやります。

メソジスト系では、福祉に特化した団体では、救世軍（サルベーション・アーミー）が有名だという話を、第I部でしました。アメリカにはほかにも、たくさん福祉をやる財団や法人があると思う。これらは要するに、政府じゃない、という点が大事なのです。

大澤　そうですね。政府と一緒にやったりしないんですよね。

橋爪　政府と財団の違いはどこかというと、政府は税金を取る。財団は寄付を集める。カルヴァン派は、税金を集めるのは前向きでないが、寄付は推奨される。そこが対照的なのです。でも政府は税金を取りますし、政府は税金で組織せざるをえない。すると、政府に対して、福祉はやるな、軍事や外交や、そのほか、政府でないとできない行政サービスだけやれ、というスタンスになると思います。

大澤　そのとおりですね。

3　なぜ私たちは日米関係に縛られるのか

トランプ現象とは何か

橋爪　二〇一七年一月、トランプ大統領が誕生しました。

このひとはユニークなキャラクターで話題ですが、そもそも人びとが支持しなければ、トランプ大統領は登場しなかった。トランプ氏自身、共和党の指名を受けるとも思っていなかったようだし、大統領になれるとも思っていなかったらしい。時代がトランプを求めたということですね。

トランプの支持者として注目すべきであるのは、まず、アンダークラス（低所得の人びと）、それから、エバンジェリカルズ（福音派）。それから、保守的な共和党支持者や連邦政府反対派。そうした人びとの連合軍が、民主党を支持する人びとよりも、多かったということですね。有権者の総得票（ポピュラーボート）ではヒラリー候補のほうがちょっと多かったみたいですけど、ふだんは投票所に足を運ばない人びとが、投票に行った。ふだん投票に行く人びとが、投票しなかった。支持者の側から言えば、そういう感じだと思うんです。

大澤　私はマルクスの『ルイ・ボナパルトのブリュメール一八日』を思い出します。ナポレオン・ボナパルトの甥、ルイ・ナポレオンがどうして皇帝（ナポレオン三世）になりえたのかということの分析ですね。一八五二年にルイ・ナポレオンは国民投票を経て皇帝になるわけですが、誰が支持者だったのか。簡単に言うと貧農ですよね。フランス革命の後、皆に小さな土地が分け与えられるけど、あまりに小さな土地でそれでは食っていけないという大量の貧農がいて、彼らがルイ・ナポレオンを支持する。しかしルイ・ナポレオンが貧農たちの正しい代弁者だったのかというとそうではない。貧農たちはそこに代弁者を見出そうとしたが、彼らが引いたのは間違ったカードだったというのがマルクスの分析です。では別に正しいカードがあったのかというと、それはないのですよ。ルイ・ナポレオンは、貧農にとってはどのカードも間違っているということ、つまり正しいカードはないということ、そのことを代表した、というわけです。貧農にとっては、彼らの代表者の不在自体を代表しているわけです。

私は、それと同じようなことをトランプに対して思うわけです。たとえば白人のそれほど裕福でない人たちが重要な支持基盤になっている。彼らはもちろんヒラリー・クリントンを推すべきではなかったでしょう。クリントンは、明らかに彼らの代表者ではない。それが良かったわけでもなかったと思います。けれども、トランプが正確に、白人の低所得者層の思いや利害を代表しているかといえば、もちろんそうではない。その意味では、彼らの選択は間違っている。ただ、トランプは、白人の低所得者層の苦境を誰も代表できていないということ、そのことを代表したと思います。言わば、正解の不在の代表です。

なぜ事前の予測が外れたか

大澤　憲法学の木村草太さんから聞いた話です。教えられて確かめてみましたが、やはりそのとおりだった話です。アメリカ大統領選挙は一一月に行なわれるじゃないですか。その一ヶ月くらい前にまだ選挙権をもっていない子どもたちの模擬投票があるそうです。もちろん厳密にサンプリングしてやるわけではないのですが、ともかく、子どもたちによる模擬大統領選挙がある。その結果は今までを見るとほとんど実際の選挙の結果と一致するのです。つまり子どもたちが選んだ人が実際の大統領になる確率がひじょうに高いわけです。どうしてそうなるのかというと、子どもたちも大人と同じようなことを考えているんですねという単純な話ではない。子どもたちは家庭で大人の話を聞いているからですね。お父さんはヒラリーを支持しているらしいとか、お母さんはトランプをいいと言っていたとか、親が家庭でどんな話をしているか。子どもの投票は、親の判断を反映しているわけです。だから、子どもの模擬選挙は、大人が家庭でどちらの候補を推しているかを反映しているのです。模擬選挙の結果と実際の選挙の結果が一致することには、はっきりした理由がある。

ところが今回、きわめて例外的に、結果が一致しなかったんです。子どもたちの模擬選挙ではヒラリーがはっきりと勝ったのです。ところが蓋を開けてみるとトランプが勝った。このことが何を意味しているかというと、トランプを支持している大人は家の中で、子どもが聞こえるようなところでトランプの支持をあからさまには言っていない、ということです。もしかすると、一部のトランプ支持者は、子どもの前ではヒラリーを推しているかのようにふるまっていたかもしれない。トランプを支持することは、言わば、教育上、よろしくないのです。

ということは、多くの人が、「政治的に正しい」選択は、ヒラリー・クリントンだったとわかっているということです。しかし、その「政治的な正しさ」自体に、胡散臭《うさんくさ》さを感じている人がたくさんいた。ヒラリー流の「正しさ」は、彼らを、苦境から少しも救ってくれるようには思えない、むしろ苦境は深刻になるように感じられる、ということがあるからだと思います。しかし彼らは、「政治的な正しさ」に対して感じている、その胡散臭さを、子どもが聞いても、そして自分自身でも納得できるように、大義に訴えるかたちで「正しく」説明することができない。ともかく、そのヒラリーに対して口汚く文句を言う奴がいる。普通の共和党候補者だったらとうていできない水準で、あからさまに、「政治的な正しさ」を蹂躙《じゆうりん》する奴がいる。もちろん、トランプです。「政治的な正しさ」に胡散臭さや欺瞞《ぎまん》を感じ、不遇感に苦しんでいた人たちは、とりあえず、トランプに自らの「代弁者」を見出したのだと思います。

トランプが大統領になったことの利得は、我々にちゃんと理にかなったかたちで説明できるような正しい選択肢はどこにもなかったんだということがよくわかったことです。もしヒラリーが勝っていれば、我々はこのことに気づかないでしょうから、状況がもっと深刻になったでしょう。トランプが勝ったおかげで、今日の政治の思想や政策の中にある根本的な盲点が見えてきた。

神の意思がはたらく

橋爪　選挙は、人間が投票するわけですね。じゃあ選挙は、人のわざなのか、神のわざなのか。アメリカの人びとは、神のわざ、と考えているふしがある。

民主主義は、個々人のばらばらな投票による決定です。投票の前に、結果を知っている人は誰もいない。こういう状況で、多数をえたものが選ばれる。これは、神のわざだと言うことができる。

アメリカの場合、誰かひとりが決めてしまう、独裁がいちばんいけない。独裁は明らかに、人のわざです。独裁はいけないが、王様はぎりぎり許される。でも王政よりは、民主政のほうがよろしい。そのときどきに、最適と思われる候補者が所信をのべ、人びとは、良心に従って、最適任と思われるひとに投票し、当選者が決まる。そこに、神の意思があらわれている、と。リンカーンであれ、トランプであれ、神が大統領にふさわしいと思って、選んだのです。これ以外に、アメリカでは考えようがなく、人びとはそうやって納得する。当選してからは、はて、トランプはどういう任務を果たすために、神に選ばれたのだろうと思案する。

大澤　公式見解としてはそうなると思いますけど、そこまで開き直って言える人はそんなにいないと思いますが。

橋爪　いやあ、アメリカはけっこうそうなのですよ。

ちなみに、当選すると、「これからは、共和党も民主党もない、わたしたちはアメリカ合衆国（ユナイテッド・ステイツ）だ！」と演説することになっています。まあ、儀式ですけど。

大澤　そうですね。たしかに選挙というものに、多数決でそうなりましたという以上の、プラスアルファの意味が……

橋爪　過剰な意味づけがある。

大澤　たしかに神が選ぶわけだけど、神が何を選んでいるかわからないので、選挙してみて確かめてみようということだと思うのです。選挙してみて確かめてみたら神が選んだ人が誰だったかわかるわけですね。そういう意味で言うと選挙は神の意思を知るための二次的な方法です。だから、選挙には、人間による選択を超えたプラスアルファの重みがあり、そのためアメリカ大統領選がちょっと宗教的な祭祀に近くなってくる。

アメリカの外交を振り返る

大澤　それにしても、日本の総理大臣のアメリカ大統領に対するすり寄り方は過剰な感じがします。日米関係はそもそもどうしてそのようなかたちになってしまうのか、それを考えていきたいと思います。

橋爪　昔、アメリカは、モンロー主義を唱えていました。アメリカは、外部世界（ヨーロッパ）から干渉されないぞ。アメリカは、小さな国だったのですね。あと、分裂しないことも大事です。アメリカは拡張していきましたが、カナダを併合はしなかった。メキシコを併合はしなかった。でもアラスカのような空き地は買い取って、現在のかたちになっている。

ところが、アメリカがだんだん強くなってくると、話が違ってきます。外国への積極的な利害関心を隠さなくなった。たとえば、パナマ運河に対する態度。それから、キューバやカリブ海諸島に対する態度。ラテンアメリカに対する態度。ハワイに対する態度。フィリピンに対する態度。利害関心の範囲がどんどん拡大していくわけです。拡張していって最終的に州にしてしまったのは、ハワイが最後です。フィリピンは州にならなかった。でもフィリピンを、アメリカは自分の勢力範囲だと思っているはずです。

大澤　そうでしょうね。

戦後の「アメリカ大権」

橋爪　さてアメリカは、日本と戦争して、四年もかかって無条件降伏をさせて、六年間も占領した。アメリカにとって、初めての経験です。

まず、無条件降伏をさせて、占領して、憲法までつくり変えたというのは、アメリカにとって初めてだし、世界的に見てもひじょうに珍しい。自由と民主主義を、敗戦国に押しつけているのです。

とにかくアメリカは、戦後日本の主宰者です。これを「アメリカ大権」と呼びたいと思います。アメリカが「憲法制定権力」として、戦後社会の基本的性格を決定し、占領し、軍を解体した。独立後も、軍は再建されなかった。

そうすると、日本の国際社会での地位や安全保障をどうするか、ということになるのだが、ほっておけば権力の真空地帯ですね。そこでアメリカが、安全保障を提供し、それから「体制保証」にあたる約束もした。

その原点を、日本人は直視するのを避けているのです。

大澤　おっしゃるとおりですね。アメリカが客観的にどうであるかということと、日本人にとってのアメリカがどうであるかということとが別問題になってしまっている。日本人はこれほどまでにアメリカに従属しているのに、それほどアメリカのことを理解していないという状態。だから私たちがこういう本をつくることにも意味があるわけですが、戦後七〇年以上もたっているのに、客観的に見ると日本はあまりにも徹底した対米従属になっている。精神的にも政治的にも経済的にも。アメリカが決めたことにしか従わない。簡単に言えばアメリカに忖度して動いている。その忖度も客観的に見れば度がすぎている。

何かを要求するときに、一〇〇パーセントは通らないだろうな、でもいちおう要求しておこうと思うことがありますよね。アメリカの日本への要求というのは、その種のものだと思う。日本はアメリカから要求されると、その一〇〇パーセント（以上）を受け入れてしまう。アメリカからすれば、「えっ！　ほんとうに一〇〇パーセント飲んでくれるわけ?!」みたいな感じでしょう。そういう極端なアメリカへの従属が起きてしまっている。

アメリカは解放者なのか

大澤　ちょうど今年（二〇一八年）は明治一五〇年にあたりますが、ものすごくわかりやすく言ってしまえば、日本は明治以降、どこまで西洋に追いつけるか、どこまで西洋の一員になれるか、それを目標にやってきたわけです。日清・日露戦争があって、不平等条約を改正し、大正、昭和と歩んできたときに、「西洋先進国にまだ少し負けてるかもしれないけどだいたい並んだかな」みたいな感じになった。もっと気持ちの大きい人は「近代の超克」のようなことを言う。

近代というのは要するに西洋ですから、自分たちはそういうことを言ってもおかしくないレベルにあるという気分になっていた。そういう流れの中で、西洋の真似事をして帝国主義的なことをやったりしたわけですが、ひどい負け方をした。ざっくり言えば、西洋化が概ね成功したと思っていよいよ本試験に臨んだら、合格どころか〇点でした、そういう感じです。それが敗戦です。そのとき、徹底的に破壊された自尊心、アイデンティティ・クライシスをどうやって乗り越えるかということが大きな課題だったはずです。が、その課題の乗り越えに関して、日本は、ある意味ではとてもうまくやった。

でも、大局的な見地で言えば、その成功にこそ、大きな失敗があった。日本は敗戦で主権を失ってアメリカの占領下に入るわけですけれども、このとき、日本人は、簡単に言えば、アメリカはわれらの救世主、解放者という枠組みでこの状況を解釈したと思うのです。ほんとうはアメリカが、誰から日本人を解放したのかよくわからないんですけど、アメリカという敵によって占領されたと解釈するよりも、アメリカに解放された――ということは日本人はアメリカによって解放されるのをずっと待っていた人民であると解釈したわけです。このとき、けしからんのは軍部なのか政治家なのか天皇なのかがひじょうに曖昧になっているのですが、とにかく日本人はアメリカによって解放されたという図式を適用した。

ここで重要なのは――白井聡さんが『国体論』（集英社新書、二〇一八年）という本で議論していますが――、こういう図式にリアリティを与えるには、簡単に言うと、アメリカはなぜ日本を解放するのかということに答えられないといけない、ということです。その図式が成り立つためには、日本はアメリカに愛されている、アメリカも日本に善意や好意をもっている、と思えなければならない。ほんとうは敵だったはずのアメリカを解放者や救済者と見るためには、アメリカは私たちの潜在的な味方じゃないといけないですよね。昨日原爆を落とした国が自分たちを救ったことになっているわけですから。だから、アメリカは自分たちに対して好意をもっているという図式で考えてしまう。この状態がずっと続いてきてしまっている。

これが、最近では白井さん、その前には加藤典洋さんらが重ねてきた議論の蓄積の中で含意されていたことだと思います。相当に説得力もあります。戦争が終わったときに、日本人の精神の中で起きたことについての議論はものすごく正しい。けれども、問題はこれからですよね。私たちはすでに戦後世代じゃないですか。橋爪さんが生まれたのは戦争が終わってから間もなくですから多少敗戦の色合いが残った中で育っています。私の場合は、敗戦してから一三年後に生まれていますが、親の世代は、戦争を若い頃に経験している。

しかし、新しい世代はどんどん戦争から離れていく。両親や祖父母も戦後世代になる。にもかかわらず、敗戦のときに設定されてしまった図式、アメリカに対する精神の構えのようなものが何十年間もどうして続いているのか。その理由こそ説明されるべきものになっていっています。

敗戦がピンとこない

大澤　白井さんや加藤さんの本を大学生に読ませたことがあるんですが、率直に言えば、「なんかピンとこない」「俺、敗戦してないし……」みたいな反応なわけです。敗戦のときにやった心理的なごまかしに自分たちは加担していないので、対米従属についての葛藤がいまいちピンとこない。だからって、白井さんの言う「永続敗戦」状態のメンタリティから解放されているかというと全然そんなことはないわけです。むしろ、自然な前提のようなものになってしまっている。

橋爪　なるほど。

ちょっと補助線を引いておくと、日本の敗戦から占領について似ている事例があるとしたら、ナポレオン戦争かもしれない。ナポレオンは、ヨーロッパ諸国を侵略して、政府を叩き潰し、自分たちは解放者だと言ったのです。自由・平等・博愛の理念を掲げ、「お前たちは旧体制（アンシャン・レジーム）から自分を解放すべきなのに、その能力がないじゃないか。だから、やっつけてやったのだ」と。そして旧勢力の軍隊をうち破り、軍事占領したり、傀儡政権を立てたりした。

そうすると、二重の感情が生じます。「たしかにそうだ、自分たちは新たな理念に目覚めたし、旧体制は崩れて、解放されたな」と。「でもこれは、自分たちが実行したのではなくて、フランスが勝手にやっている。フランスは外国の侵略軍で、にっくき敵国ではないか」と。

この鬱屈は、日本の敗戦の場合と似ている面があるんだけれども、ダメージとして残っていない。どうしてかと言うと、反ナポレオン戦争が起こって、再編された各国の国民軍がナポレオンを追いつめてやっつけて、独立を回復した。ウィーン条約で、ナポレオンの問題を片づけてしまったのです。

日本の場合、反ナポレオン戦争にあたるものがなく、負けたまま。これがもし、アメリカはやり過ぎじゃないかと、イスラム世界が立ち上がり、インドが立ち上がり、中国が立ち上がり、ロシアも立ち上がって、アメリカがやっつけられて、日本軍も加わって、広島長崎の屈辱を晴らしました、というふうになっていたら、話が違った。でも全然、そうなってないわけですよ。そうすると、解放されたというプラスの側面と、ナショナリズムが挫折し敗戦と占領でプライドがずたずたになったというマイナスの側面と、両方がくすぶったまま伏流して、現在に続いている。こういう例はあまりないと思います。

大澤　そうですね。

イスラムの鬱屈

橋爪　似た例がもしあるとすれば、まずイスラムですね。

イスラムは植民地になって、独立したんだけれども、「反ヨーロッパ独立戦争」を戦って独立したわけじゃない。中国はちゃんと戦争をしている。インドも独立したんだけど、インド・パキスタン戦争とかがあって、自力で今の国をつくったというプライドがもてる流れになっている。イスラムは、トルコやイランなどいくつか例外はあるが、ナショナリズムを育てにくい。

もうひとつ似ているのは、ポーランドかもしれない。ポーランドは、ナチスとソ連の挟み打ちにあって、国がなくなってしまった。解放をめざしたワルシャワ暴動も、ソ連に見殺しにされた。かくもソ連に恨みがあるのに、そのソ連がポーランドを解放して独立しましたという話になって、ソ連とその傀儡政権に、およそ半世紀も支配されてきた。ソ連べったりを強いられた点で、アメリカべったりの日本と似ています。でも、連帯ががんばって、その支配をはねのけたから、この問題はいちおう片づいている。
日本の場合はどう考えても、どの例にもあてはまりません。

大澤　ポーランドの例では、暴動軍は一旦は敗北するわけですけど、ソ連の助けがあって解放されるという図式になる。しかし日本の場合、国内で早くから民主化革命が起ころうとしていたのに政府や軍部によって弾圧されていたところにアメリカが来たおかげで民主化に成功した、という状況じゃないんですよね。図式が全然違うわけです。

それは解放だったのか

大澤　別の本でも引いたことがあるのですが、戦争が終わって占領一年目に描かれた、加藤悦郎という人の漫画があるんです。この一年間で何が起きたかということが、何枚もの一コマ漫画になっていて、とても面白いんですけど、その中のひとつにこういうのがあります。労働者風の人が足枷のようなものをはめられていたらしく、鎖がついているんですがそれがちょん切られています。それは日本人なんですが、「うわー！　解放された！」とやっている。そばに大きなハサミの絵が描いてあり、その真ん中に星のマークが入っている。アメリカの象徴ですね。うんと後ろのほうにすたこらさっさと逃げている二人の人間がいて、どうも一人は軍人でもう一人は政治家。自分たちは鎖に繋がれていて早く解放

加藤悦郎「鎖は切断された」

してほしいと待っていた。そうしたらアメリカが来て鎖をパチンと切ってくれて助かった。そういうわけなのですが、これだと過去が捏造されているんですよね。つまり、自分たちはずっと解放に値するものであったということになる。しかし、アメリカがやって来るまで一度としてそんなふうに解放されたいとは思っていなかったという事実を、まず認めなければいけないと思うんです。自分たちは単に戦争に負けただけではなく、ほとんど無価値に近いものであったというところから出発しなくてはいけないのに、あらかじめアメリカに愛され解放されるに値するものであったという図式ですよね。

戦後の日本人のアイデンティティはどの観点から見られているか。はっきり言うとアメリカの観点からなんですよね。ほんとうはアメリカのことをよく知らないくせに自分たちで捏造したファンタジックなアメリカの視点を媒介にしている。そんなアメリカから見て好ましい国であり人であるかどうかということが、日本人にとって戦後ずっと、すごく重要になっている。

なぜ中国を嫌うのか

大澤　現代の話ですが、二〇一三年に、ピュー・リサーチ・センターというアメリカのシンクタンクが面白い調査をしています。三七ヶ国を対象に、アメリカと中国の好感度を調べたのです。中国が台頭してきたのでアメリカもちょっと脅威を感じたのでしょう、世界中で自分たちと中国のどっちが好かれているかを比べたわけですね。親米的な答えをした人の割合から親中的な答えをした人の割合を引き算して、どれくらいアメリカのほうが多いかと。もちろんアメリカのほうが好かれている国もあるし、中国のほうが好かれている国もある。世界平均でいけばまだ若干アメリカのほうが好かれているんですけど、国によっては断然中国のほうが好かれている。けっこう拮抗しているんです。

その中にあって、親米度と親中度の差が世界でいちばん大きいのが、日本なんです。圧倒的に親米度が高い。そして、日本では親中度がひじょうに低い（というか、嫌中度が高いのでしょう）。世界標準でいくと中国に好ましい感情をもっているという人は五〇パーセントくらいはいるわけです。ところが日本だけは五パーセントしかいないんですよね。これには驚きました。

なぜ日本人がそこまで中国を嫌うのか。これもアメリカと関係があると思うのですよ。つまり、アメリカの視点で見たときに、日本と中国とどっちが大事なのか。ある時期まではアメリカにとって日本のほうが中国よりもポジティブなのは日本人にとって自明だった。少なくとも日本人はそう信じていた。でもあるときから――二一世紀に入った頃から――アメリカにとって中国はかなり重要なパートナーになってきた。アメリカにとって、中国はすごく仲がいいというわけではないが少なくとも大物として付き合うに値する重要なパートナーになったのです。それを日本人は感じているんですね。率直にいえば、日本人の嫌中は、嫉妬です。自分の好きな人が、このごろ、自分以外の別の相手に関心を向けている。そうすると、そのライバルである別の相手が嫌いになるじゃありませんか。嫌中は、これです。

日本人は七〇年間も、アメリカという媒介をつうじて自分をアイデンティファイするという様式しかもちえなかった。冷戦期はアメリカのほうもまだ日本に関心をもっているから、いちおう噛み合ってると思えたのですが、冷戦が終わってからも、日本のほうだけがそれを続けている。アメリカのほうではとっくに、日本にごく普通の戦略的な関心しかもっていないのに、日本のほうは、アイデンティティや自尊心の核になるものを、アメリカの視点をつうじて調達しなくてはならない。だから、日本人はプラスアルファの関心をアメリカから引き出さなくてはいけないので、過剰なことをいろいろやらざるをえない。アメリカの歓心を買おうとしているわけです。

橋爪　中国への好感度は日中国交回復（一九七二年）直後はきわめて高くて、七、八〇パーセントあったんです。

大澤　そのとおりです。

橋爪　そのあと、天安門事件とか、反日デモとかがあって、段階的に下がっていった。アメリカに対する好感度が一貫して高いのと対照的で、興味深いのはおっしゃるとおりですね。

自信をなくす日本

大澤　以前、『おどろきの中国』（講談社現代新書、二〇一三年）でもその話をしたと思いますが、一九七〇年代末期には八〇パーセントくらいあった親中度がどんどん下がって、いつの間にか一〇パーセントを割った。その間日本人はずっと、はっきり言うと、中国に比して、自分たちのほうが優等生というか先進国であるのが当たり前だという頭があった。ところが、二一世紀になってそれが自明であると考えることが不可能になって、混乱が起き、滑稽なまでの東アジア隣国に対する嫌悪感をあからさまに出すようになった。そういう状態だと思いますね。

橋爪　外からどう見られるか、特にアメリカからどう見られるかによって、自分のことを納得する。そんなことを続けている限り、そういう反応にならざるをえない。それは、病気だと思う。

戦場に赴くのは市民の義務

橋爪　どうして自分たちの歴史や過去について、よいとか悪いとか、自分で直接判断しない（できない）のだろうか。

加藤典洋さんと、天皇の戦争責任について議論をしたときに気がついたのですが、大東亜戦争でアメリカと戦った将兵のことを、肯定するのか否定するのか、日本人は自分で考えにくくなっている（加藤典洋・橋爪大三郎・竹田青嗣『天皇の戦争責任』径書房、二〇〇〇年）。

参考のためにドイツでどうなっているのかを考えます。ドイツでは、ナチス（国家社会主義ドイツ労働者党）が悪く、国防軍は悪くないことになっている。ドイツ国防軍の将兵は、イギリス、フランス、アメリカと戦い、ソ連とも戦って、敗れた。国防軍の将兵は義務を果たしたのであって、罪はなく、恥じることもない。すべての罪は、ナチスとその党員、親衛隊が行なったことであり、戦争陰謀もユダヤ人の虐殺も、彼らの責任である。こういうふうになっている。だから国防軍は無実（ピュア）なんです。今でも軍があるけれど、軍はピュアである。いくつか信じられていることがある。優勢なソ連軍を前に、国防軍が絶望的な状況で、勇敢に戦った。なぜか。背後に市民がいて、彼らが安全な場所に逃れるために戦ったのだと。だから、正しい戦いであると。これに類する話は日本に少なくて、たとえば満洲でソ連軍が攻めてきたときに、真っ先に逃げたのは軍人で、取り残された民間人はひどい目にあったとか、沖縄戦では、軍は民間人を守るどころか、かえって民間人をひどい目に遭わせたとか、言われている。

日本で、戦争を企んだり悪事を働いたりしたのは軍であって、軍部に罪がある。そういう戦争の決着をしています。ドイツと違うのです。

じゃあ、徴兵されて軍人として戦争に従事し、戦場に行った祖父や父親、すべての人びとのことを、どう考えたらいいのか。このことは、二階建てになっているのです。まず、戦争の性格についての議論がある。たとえば、侵略戦争だとか、無謀な戦争だとか、意味のない戦争だとか、戦争について批判ができる。でもその前提として、政府に命じられ徴兵され、命をかけて戦った人びとは、市民としての義務を果たしたという事実がある。戦争の性格を、戦争が終わってから批判するのは簡単だ。でもそれと、公民としての義務を果たした人びとの行為が尊敬すべきであることとは、独立のことなのです。

どんな国にも、警察や消防の職員がいて、市民を守るために奮闘している。どんな国にも、軍人がいて、市民を守るために奮闘している。それがなければ、市民社会は成り立たない。個々の兵士が戦争の性格を批判して、それを理由に不服従したりすれば、やはり社会は成り立たないのです。個々の兵士が、戦争の性格を批判して不服従したりする余地が与えられていない以上、戦争に従事したことを倫理的、道徳的、法律的に批判することはできない。むしろ、敬意をもつべきである。加藤さんとの対論で、私はそのように言ったのです。

大澤　まったく正しいと思うんですけど、私はこう思います。

まずドイツのほうももちろん客観的に見ればいろいろ問題があるかもしれませんけど、とにかく誰が悪くてこういう結果を生んだか、その責任の所在を特定できる。悪の責任は、ナチスに帰せられる。だから彼らはナチスを肯定できないし、戦後はナチスを切り捨てて、厳しく対処した。ネオナチみたいなのが出てきますけど、それを肯定することは絶対にできない。どの部分を捨て、どの部分で生きるのかというのがはっきりした。ナチスはどこかで自然発生してくるわけではなくて、支持する人たちがいたから成功したわけですから、ほんとうは誰がナチスで誰がナチスでないか、あるいはどこまではナチスでどこまでがナチスでない正しいドイツ的なものかって、厳密には区別できないわけですが、しかしそれでも、法的・政治的には、どこが悪くてどの部分が責任を負う部分かとはっきりさせられるという事情が、ドイツの場合にはある。

責任の所在が不明

大澤　日本の場合、戦争が終わったときに、やはり日本人の大半は何か間違ったことをしたというふうには思ったと思うんですね。今でも侵略戦争ではなくてほんとうは解放戦争だったみたいに言う人もいますけど、でもやはり大半は間違ったことをしたというふうに思ったはずです。しかし誰が間違ったのか、その過ちの主体は誰なのかが、日本では特定できないんですよね。したがって、どの部分を切り捨てればいいかはっきりしていない。自分たち自身が納得するような形で結論が出ていない。そのために悪いところが漠然と拡散して、軍人は皆悪いということにもなりうる。おっしゃるとおり、個々の軍人がその責めを負うのは明らかにおかしいですよね。しかし何かが間違ったということについてはっきりとした感覚がありながら、その間違いを帰責させるべき主体が特定できないのです。

そうすると今度は、オセロゲームのような反転が生ずる。大半の人は、実は、間違ってなかったんじゃないの？となるのです。つまり間違った奴はどこかにいるらしいですけど、大半の人は間違ってなかったんですよと。

そして、その「間違ってない人民」をアメリカが気の毒に思って解放してくれたんです、というふうな図式になってくるんですよね。そして、やっぱり初めから戦争を憎むようなポジティブな部分が日本人にあったというような虚構の設定から始まることになる。

この設定から始める限り、どうしてもアメリカによって愛され解放されたという図式を維持し続けなければいけなくて、現状まで来てしまっているんですね。だから戦争が終わったときに、一体誰が、何が、どういうふうに間違ったのかを、はっきり自覚する必要があった。漠然と全否定なんですよね。全否定であるがゆえに逆に全肯定できるようになっている。この全肯定のほうから、先ほどからのべている、「日本人はアメリカに解放された」という図式が出てくる、という構造になっているんですね。

ドイツの場合ははっきりナチスと特定できる。だから、とりあえずこれをどう乗り越えればいいかという精神的な施術みたいなことはできるわけです。患部はどこにあってどこを切り取ればいいのかという。日本の場合、全部いいか全部悪いかみたいな構造になってしまったのが苦しいところじゃないかな。

日本軍はなぜ悪魔的か

橋爪　アメリカは、こんなふうに考えたと思うんです。

日本軍は、ちょっと普通じゃない。まず、玉砕。自殺に等しいバンザイ突撃をする。そして、カミカゼ。片道の燃料で、爆弾を抱えた戦闘機が突っ込んでくる。宗教的な狂信者の行動にしか思えない。でも、正規軍がそれをやる。この二つに心底、異様な怯えと恐怖を抱いたのだと思う。装備や補給が劣悪で、通常なら作戦行動どころでない部隊が、頑強な抵抗を続ける。そのため米軍将兵が命を落とす。日本人は、軍隊になった途端に、悪魔になってしまうのだ。人間としてありえない行為をするのだ、と見たのだと思う。

宗教に近い、狂気のような執念。それと近代的な兵器とが結びついたら、どれだけ恐ろしいことになるか。それを無意識のうちに、直感したのだと思います。

大澤 はい。

橋爪 アメリカはもっと進んだ装備で戦っている。そして、近代軍として戦っているわけです。生還が期待できない作戦の、出撃を命令することはない。国際法も遵守している。

もしも同じ装備をそなえ、しかもまるで違うルールで戦う連中がいたとしたら、大変なことになる。日本にその可能性があるのなら、その精神性をまず解除し、それから軍そのものもなくして、しばらく様子をみよう。さもないと、アメリカの安全保障にとって、ひじょうに危険である、と。

ドイツは第一次世界大戦のあと、占領もされなかったし、軍も制約を課されただけで、解体されなかった。そうしたらわずか一〇年か一五年のあいだに復活し、第二次世界大戦に突入しているわけだから、ここは相当慎重にしなければならない。ナチスの例から学んで、日本の占領について、かなり知恵を絞ったのではないだろうか。

大澤　なるほど。

敗戦のあと

大澤　もう少し付け加えると、戦争に負けたときに、何が悪いかということをいろんなレベルで考えなければいけない。

　たとえば有名なヤスパースの責罪論で言えば、罪というのは四つあるんですよね。刑事上の罪、それから政治上の罪、それから道義的な罪、それからもうひとつ、これは少し難しいのですが、形而上学的罪というのがある。たとえば戦争で見たときに、政治責任であるとか、戦争犯罪の罪には問えない場合でも、じゃあ道義的にはどうなのかとか、そういうふうにレベルを分けて考えていく。日本も戦争が終わったときにそういう意味で徹底的に考える必要があったと思うんです。誰にはどこまでの政治上の罪があるのか、刑事上の罪はあるのか、あるいは道徳的にはどうなのか、自分たちはどの部分においては被害者と言え、どのレベルにおいては罪があると言えるのか。そういうはっきりとした自覚があればもっとうまくいったんですけれども、おそらく漠然と皆悪かったと思っている。しかし、繰り返しますが、皆悪かったということは、皆悪くなかったとなりがちなのです。

　よく話題にされますが、広島の原爆記念碑に、「過ちは繰返しませぬから」とある。誰が過ちをくり返さないと言っているのか、主語がないという問題が論争になったこともあります。普通に考えれば、原爆の犠牲者に対して慰霊をしているわけですから、過ちを犯したのは原爆投下に関与した人たちなんですよね。しかしそういうふうに書けなかったんですよ。後知恵的に、実はコスモポリタンな立場に立って人類的な観点で過ちを認めているんだということになっていますけれど、私はそんな高尚な理由じゃないと思います。

つまり、アメリカが悪いと言いきれなかった日本人がいるんですよね、そのときに。じゃあ悪いのは誰なの？　もし悪いとしたら自分たちしかいないんだけれど、私たちが悪いとも言えないいんですよ。アメリカに悪いと言いきることもできないし、自分が悪いと言いきることもできないので、主語が消えてしまった。たとえば、仮にアメリカが解放軍だとしても、原爆を落としたことに関しては間違いだったと言えるためには、自分たちに関しても、どの部分に関して間違ったのかを言えなきゃいけないんです。日本人は、それに完全に失敗した。いまだに自分たちではっきり落とし前をつけられないでいるというのが現状の日本人の苦しいところです。

私も若いときは自分が日本人であるとかあまり気にしなくていいなと思っていました。けれども、あまりにひどい状況が続くことを考えるとやっぱり、日本人であるということに関してどういうふうにそれを引き受けるかということを、私自身についてはもちろんですが、それだけじゃなくてこれからの世代に対しても何とかしなきゃいけない感じがしています。

橋爪　はい。

歴史を言葉にできない

大澤　ついでに言っておくと、日本会議っていうのがあるじゃないですか。けっこうな人が入っているわけですが、はっきり言えばあまりにも馬鹿らしいですよね。そういうものを馬鹿らしいと言うことは簡単なんですけれども、日本人が日本を肯定しようとするとあいうやり方しかないというところが問題だと思うんですよね。日本が日本をもっと普通に肯定できればいいと思うんです、もっと別の仕方で。ところが日本を肯定しようとすると結局、大東亜戦争は良かったみたいな言い方しか手がないんですよね。明らかに間違った戦争で誤ったことをたくさんしたということを前提に戦後やってきた。そのことが、国際社会の中で、日本が受け入れられる条件でもあった。そうだとすると、日本を肯定するとしても、まずは大東亜戦争において日本は大きな過ちを犯したということを前提としておかなくてはならない。その前提を確保した上で、日本を肯定できなくてはならない。ところが、それがなかなかできないのです。

橋爪　その問題と根が繋がるのが、司馬遼太郎だと思うんですね。司馬遼太郎が言っていることは、こうです。日本は近代をよくやった。『坂の上の雲』の時代はなかなか偉かった。だけどそのあと、日本がだめになっていく時代を扱わないんです。扱えないんですね。無理に扱うと、今の日本会議みたいになりかねない。それがわかってるから、扱わないのかもしれない。

司馬遼太郎の問題点は、多くの日本人の問題点でもあるのですが、近代全体を俯瞰することができにくいということです。これは弱点です。たとえば一九四一年とか、一九三七年とか、一九三一年とかいった曲がり角で、日本人（日本社会、日本政府）が問題ある行動をとったとして、その問題を語る言葉をもっていないということです。語る言葉をもたないのは、当時の人びとでもあるけれど、それ以上に、その結末を知っている今の日本人の問題でしょう。

言葉がないという点では、今も同じ状況なんじゃないか。

大澤　おっしゃるとおりですね。

橋爪　今も同じ状況だから、一九四一年のことを考えられず、語れないんです。一九四一年の状況が考えられず、語れないのなら、二〇一八年の状況も考えられず、語れないのではないか。そういう、言葉で語れないところを、見ていくことがひじょうに重要ですね。

リアルな認識がない

橋爪　一九四一年がまずかったとして、じゃあまずくないのは何だったか。

一八九四年の日清戦争、一九〇四年の日露戦争では、困った問題はほとんど起きていない。戦争はともかくいけないという立場からは、全部同じ戦争にみえるかもしれないが、でも明らかな違いがある。明らかな違いはどこかと言うと、まず、通常の戦争である。戦争目的がはっきりしている。そして、戦略的にも戦術的にも、合理的で適切な行動をとっている。当然、わが方にも犠牲があり、先方にも犠牲があるのだが、できる限り国際法を守っている。説明のつかない民間人の被害がない。あっても極小である。そしていちばん大事なことは、戦争に先立ち、主要国の諒解を取っているということ。「こういう理由でこういう戦争をしますけれど、いいですね？」と、イギリスに言い、アメリカに言い、フランスに言い、ドイツに言い、……、その上で行動しているわけ。これが通常の戦争なんです。日清戦争もそうだし日露戦争もそうである。日露戦争の場合には、日英同盟まで結んで、戦費も調達しているわけだから、これは代理戦争であると言ってもいいくらいであってね、この戦争で勝っても、あるいは負けても、大きなトラブルが出てくることはないわけだ。たとえば、日露戦争で日本が負けたというシナリオを考えてみれば、当然ロシアの勢力が進出してきて日本を圧倒することになるけれども、まずいことになったとイギリスも思うわけです。そしたら、これ以上まずくならないように、もう一回戦争ができるようなチャンスと、それから装備と、それから資金の手当てを、日本に対してするだろう。ならば、日本国が沈没してしまうことはない。そういう意味で、勝ってても負けてもどうにかなる、合理的な戦争なのですね。

これを下敷きにして、一九三一年、三七年、四一年のことを考えてみます。

まず第一に、一九三一年と三七年（満洲事変と日支事変）は「事変」で、戦争でさえない。戦争でなければ、戦時国際法に従う義務感が、きわめて薄くなる。だから民間人に対して、勝手なことをやっている。正規の戦争手続きも踏んでいない。それらが、全部間違いである。

一九四一年は、やっと通常の戦争の手続きになったのだけれど、戦略がない。戦術しかない。戦争目的が曖昧である。こんな曖昧な、国家利益に適うかどうかもよくわからない重大な決定を、軍と政府当局者のごく一部で行なった。そして、軍人にも民間人にも、大きな犠牲を強いてしまった。そのことの責任感や将来予測が、ほぼゼロである。

なぜ日清戦争と日露戦争のときにできたことが、一九四一年にできなかったか。

それはまず第一に、わが国は強大になった、という自信があった。驕《おご》りがあった。失敗しないだろう、という見通しの甘さがあった。それから国際社会（アメリカをはじめとする列強）がどう考えどう行動するかという、リアルな認識が欠けていた。欠けていても、何とかなるだろうという自己中心的な幻想があった。リアルな認識はしていないけれど、何とかなるだろうという自己中心的な幻想で、やみくもに行動しているということは、敗戦のあとでも、今でも、まったく同じです。違う点は、日米同盟があるから、アメリカからダメ出しされる。おかげで、大きな失敗はしないで済んでいるという、これだけなんです。つまり、自立する能力がない。

大澤　なるほど。さらにそれが現代の我々にとってどういうふうに意味をもつかと考えてみると、たとえば現代の日本人が一九〇四年の日本人の直接の末裔であるというふうに考えられると、自分たちは正しい部分もあったんだと思えるんですよ。ところが、一九四一年の日本人の末裔でもあるが、できれば、そこと現在の自分とを切断したい。しかし、それは難しい。少なくとも、日露戦争のときの日本人の末裔だけれども、日米開戦のときの日本人とは無縁だとはとうてい言えなくなります。

たとえば一九〇四年くらいまでだったら、日本人はよくやったという感じがもてるし、現に司馬遼太郎がそういう書き方をしている。じゃあなぜ司馬遼太郎がその後ろを書かないのか。これは書けばもちろんその後悪いことを書かなきゃいけないからですが、それだけではない気がします。のちの「悪さ」は、ある意味で遡及的にフィードバックして一九〇四年までも良かったのかという問いが出てきかねないわけです。

比喩的に言うとこんな感じです。一八九四年の模擬試験でいい成績をとってA判定が出てるんですよ。一九〇四年にちょっと難しい志望校に変えてみてやったらやっぱりA判定が出て、行けるぞと思った。いよいよ本番の入学試験に――一九三一年でも一九四一年でもいいですけど――勝負に出たら、結局、一九四五年に合否判定が出て、不合格も不合格、最下位の不合格になっちゃったわけです。そうなると、模擬試験は良かったといくら言ったってしょうがないんですよ。

明治以来の国家目標の連続性の中にあって、日本人は、ある意味で順調に国力を伸ばして国際的な承認も受けてきたという感じを得たと思うんですね。そのプロセスの仕上げとして、一九三一年頃から思いきったことをやったら、結局、大失敗してしまう。そのような失敗があると結局、その前が良かったっていうのはなかなか支えきれないんですよね。

もちろん司馬遼太郎を読んで日本人もいいところがあるよと思っている人もいるんですけど、それに何となく力が抜けるのは、その後本番の試験で不合格になるのに、模擬試験では一番だったと言っているように聞こえるからです。

そうすると司馬遼太郎も蹴っ飛ばして、今度は、不合格だった最終試験も合格だったことにしてくれよという精神状態になる。そうしないと、司馬遼太郎も生きないですから。

しかし、不合格だったものを合格にするわけにはいかない。

視えないものを、視る

橋爪　緑内障という目の病気がありますね。網膜細胞が死んで、視野が欠けちゃうんです、少しずつ。ところが初めのうちは、あるいはだいぶ進んでも、自覚症状がほとんどないんですよ。視野がほぼ欠損して、「えっ、これが目の前にあるはずなのに見えないの？」みたいなことを言われたときには、もう末期になっている。

視えないものを視るというのは、語義矛盾ですけれども、難しい。だから、自覚症状が現れないんです。

大澤　視えてないから視えてないんですもんね、端的に。

橋爪　これを歴史に応用してみます。

歴史は、さまざまな事柄や出来事が連続していて、全体を構成しているわけです。そのうちのある部分が、ぽっこり抜けていたとして、「私は歴史が見えていません。たとえば一九三一年から一九四五年まで、あと、一九五一年までがぽっこり抜けているんです」みたいに本人が自覚するかというと、自覚する可能性はゼロです。何かを視ていないということを、自覚しないですんでしまう。これが、日本人がみなでやっていることだと、私は思います。

緑内障には検査があって、視野のあちこちで光を点滅させてみるんです。それで、視えたか視えないかを検《しら》べていくと、視えない部分の図柄ができる。「ここが視えていませんね」とわかるのです。

だから歴史も、「何年のこの事件について、あなたはどう思いますか」みたいな、質問リストをつくれば、ほぼ同じことができるでしょう。たとえば、「一九四一年に召集令状が来て出征した兵士は、正しいことをしたのですか、間違ったことをしたのですか」みたいに。もしも答えられなければ、それは盲点なんです。でも、「幕末維新の当時に坂本龍馬に従って一緒に立ち上がった勤王の志士は、良いことをしたんですか、悪いことをしたんですか」と聞けば、「良いことをしたに決まってるじゃないですか」と、すぐ答えが出てくるわけです。こういう質問リストをこしらえてみるのも、よいかもしれない。

徴兵制と志願制

橋爪　それで思うのは、まず視えていないことがあることに、気がつくことが大事なんです。
私が思うのに、もし軍隊があって徴兵制があると、ものを考えるとっかかりにはなる。

不本意なかたちで自分が命を失うかもしれない。戦場に行って、相手を殺さなくてはならないかもしれない。非常なリスクを負わなくてはいけない。そういう可能性があれば、同級生がそういう状況になれば、あるいは自分がそういう状況になれば、なんでイラクやシリアみたいなところに行かなければいけないんだろうとか、最低限のことは考えますよ。家族も、自分のことととして心配する。それは、公共のことがらについて、盲点をなくしていくことなのかもしれない。

しばしば言われることですが、徴兵制と志願制は違う。徴兵制はくじ引きだから、公平である。（もっとも徴兵制でも、不公平な運用になる場合もあります。たとえば、多額の費用を払えば徴兵されないですむ、特例がある場合。資産家や高所得者の子どもは、費用を払えるから、兵隊に行かないだろう。兵隊に行くのは、それだけの余裕のない家庭の子どもばかり、ということになる。実質、志願制と同じになってしまいます。）それに対して、志願制は、不公平である。志願制は実際には、貧困家庭や、ほかに就職の機会がない人びとだけが軍隊に行くシステムになってしまう。ごく一部の人びとに軍務を押しつけて、大部分の人びとは、自分が犠牲になることを考えなくてすむ。どうせひとが戦争に行くのだと多くの人びとが思うから、本人や親が好戦的になりやすく、徴兵制に比べて戦争を抑止する力が少なくなる。

日本では、徴兵制はまるで悪者の代表みたいに言われますが、志願制に比べて、合理的な側面があるのです。

大澤　なるほど。

橋爪　アメリカはベトナム戦争のころは徴兵制で、激しい反戦運動が巻き起こり、そのあと志願制になりました。そうすると、貧困層やアンダークラスの人びとが軍に集中して、不公平が生まれます。

日本はどうか。そもそも軍がないので、徴兵制もありません。自衛隊を軍とみるなら、実質、志願制になっているのと同じです。隊員に志願するのは、おおむね、大学に行くチャンスがなく、就職のチャンスも乏しい地方の若者、みたいになっている。国民から、視えにくい存在になっている。これだけの情報社会で、多くの人びとが軍事のことをまともに考えない、ひとつの背景になっていると思うのです。

誰が世界を守るのか

大澤　ベトナム戦争の話が出ましたけど、アメリカでベトナム戦争への反戦運動が起きた。だからアメリカ人は偉いみたいに日本人は思うわけですけど、あれはそのとき徴兵制が強化されたからなんですよね。それまでは徴兵制があっても、たとえば大学に行っていればめったに徴兵されることはないので、そうすると結局裕福な人はどうせ徴兵されないような状態。そんなときには、反戦運動もなかった。ところがだんだん徴兵制が強化されてくると中流階級の人が徴兵される可能性があるし、現にされたわけです。自分や自分の子が徴兵されるということを考えたときに、じゃあこのベトナム戦争はやるに値するものかというのが初めて問題になるわけです。だから徴兵される可能性がない状態の中で戦争に賛成だ反対だ、みたいなことを言ったときに、無責任な状態になる。そういう意味で徴兵制は、ひじょうに重要だと思います。逆に志願制は、アメリカで冷遇されている人たちがアメリカを守るために世界の警察をやっているという状態だと思います。

盲点が視えてくる

大澤　それから私はこう思うんですよ。歴史の盲点みたいなものがあるわけですけど、今、盲点が盲点だということに気づかれ始めた時期だと思うんです。つまり日本が好調のときにはそんなごまかしを忘れているんですよね、皆。ジャパン・アズ・ナンバーワンと浮かれていたときとかは。しかし何十年もたって、たとえば、もう冷戦じゃないのになんでアメリカ軍が大量にいるのか、沖縄ではすごく困っている人たちもいることがはっきりしたときに、初めて考えなくてはいけなくなる。冷戦のときには見えていなかったものが今見えてきて、じゃああれは正しかったのか間違っていたのかを考える時期に今至っているので、敗戦について考え直す議論も活発になっているのだと思うんですね。

もちろん若い人はもっと考えてくれよと思うんだけど、今や若いわけではない自分自身のことを思うのです。最近、若い人に文句を言うよりお前がいけないんじゃないの？と思うようになっているんですよ、正直。私たちはしっかり考えてきたのに若いお前らは考えてないという状況じゃなくて、年長の私たちがしっかり考えてなかったので若い人も考えていないという状況ですね。

日本人の大半が戦後生まれになって、早晩戦後生まれが一〇〇パーセントになる。にもかかわらず、敗戦のときの失敗というものがいまだに効き過ぎているというような状態。どうしてかということを私はこういう論理で考えているんです。

あまりメジャーな言葉じゃないんですけど、ロベルト・ファラー（Robert Pfaller）というメディア論学者がつくったインターパッシヴィティ（interpassivity）という概念があるんですよ。インターアクティヴィティという言葉に対してインターパッシヴィティと言う造語です。感情の領域における間主観性の問題を扱っているわけですが、わかりやすく言うとこういうことなんですよ。たとえば朝鮮半島なんかでは、葬式に行ったときに泣き女というのがいるじゃないですか。葬式だからほんとうは参列者が自分が泣かなくてはいけないんだけど、代わりにプロの泣き手が泣いてくれるわけです。これがインターパッシヴィティの状況です。重要なのは、誰かが私の代わりに悲しんでくれて、私自身は悲しい感情を起こさなかったときに、私は悲しんだことになるのかならないのか、という問題です。これは、悲しんだことになると考えなくてはいけないと思うんです。

私の代わりに誰かがやったんだから。つまり、泣き女を前提にした空間を自分が引き受けているならば、私の代わりに誰かが悲しんだのだから私はある意味で悲しんだことの責任を取らなくてはいけない。

対米従属から永続敗戦へ

大澤　なぜこんな話をしているかというと、敗戦の問題の継承の仕方がそんな感じがするからです。敗戦はある種の対米従属のメンタリティですよね。対米従属のメンタリティは、もちろん負けた国の人たちは苦肉の策としてそれを取るわけです。その後の世代はそんなことを意図的につくったつもりはない。このとき、敗戦した最初の世代、対米従属のメンタリティを敗戦のショックへの防衛反応として自ら形成した世代、これを「泣き女」にたとえてみます。

先ほど、泣き女を前提にした空間を引き受ければ、自分は悲しみを内面で感じていなくても、やはり悲しんで泣いたことになるのだ、と言いました。同じように、対米従属のメンタリティを前提にした空間に入って、その空間を引き受けていれば、敗戦の屈辱など内面で感じていなくても、対米従属を継承したことになる。対米従属のメンタリティは、常に、前の世代を「泣き女」にしながら、世代的に継承しているように思うのです。自分たちは泣き女がいる場所に入っていることさえ忘れているけれども、泣き女はしっかりいるのですよ。「永続敗戦」はこのようにして持続しているのだと思います。

ほとんど内政干渉じゃないかというようなアメリカの注文に関しても、別にほとんど気になりませんというかたちで、唯々諾々と応じてしまうメンタリティ。それは日本人からするとあまりにも当たり前のように思っちゃうわけですけど、世代間で知らず知らず継承してきたのです。やっぱりこの流れを脱出することを考えなければいけない。

ついでに付け加えておくと、先ほどアメリカの社会主義の話をしたじゃないですか。アメリカ人は自分が責任を取らずに誰かにやってもらうという態度を著しく嫌うんですよね、でも日本がアメリカに対して求めていることは、まさにそれなんですよね。日本がアメリカに気に入られようとしてとっているその態度こそ、アメリカにいちばん嫌われるタイプのやり方です。アメリカの価値観が良いか悪いかは別としてですよ、アメリカにもっとも嫌われる態度でアメリカに従属しているという状態。これはやはり恥ずかしい。

なぜ対米従属なのか

橋爪　対米従属があるとして、過度のアメリカ依存があるとして、その根源の根源の、根源をさかのぼっていくと、アメリカが強大であることが原因では、ないと思う。

大澤　おっしゃるとおりです。

橋爪　日本が弱体であることが原因、でもないと思う。

日本人の考え方が間違っている、という、それだけの問題である。

大澤　おっしゃるとおりですね。

橋爪　考え方の、何が間違っているかと言うと、正しい戦争ができなかったということだと思います。

戦争すべきときにすべきで、すべきでないときにすべきでないのに、すべきでないときに戦争をした。これは、侵略戦争であるかどうかということより、もっと重大な問題だ。

侵略戦争があるとして、侵略戦争をすべきときに侵略すべきだと思って戦争しているわけなら、まだしも合理的なんです。しかし、侵略でさえもなく、戦争すべきときでもなかったわけです。

対米戦争に関しては明らかに、すべきでないときに戦争を始めた。しかも、国際法を守っていない。玉砕はおよそ、戦闘行為としてありえない戦闘行為であり、特攻もそうである。それから、西日本の山奥かどこかでアメリカの飛行機が墜落してパラシュートで乗組員が降りてくると、仇討ちだとか言って、竹槍で刺したりなんかしてるわけだから、明らかに戦時国際法違反でしょう。こんなの、正しい戦争のやり方じゃないわけですよ。

ああ、この人びとは、正しい戦争のやり方ができない、狂気じみた、子どもじみた、まともな大人じゃない連中だから、彼らに戦争をする能力を与えてはならない。こういうふうにアメリカが考えたことが、すべての出発点なのです。

敗戦敗戦と言うけれども、むしろ敗戦よりも、戦争を始めた、開戦の段階の問題だと私は思う。だから、開戦責任のほうがずっと大きいのです、敗戦よりも。

それでじゃあ、アメリカはどうしたか。

軍隊はなくす。

軍隊みたいなものができたとしても、軍隊として機能させない。日本国内で戦闘行為をしてください。日本国内で戦闘行為をするぶんには、外国に影響がないから。

それで今だんだん、米軍と一緒だったら、外で戦ってもいいみたいな話になりかかってますけれども、対米従属の根幹は、アメリカ人が日本人を信頼していないということなのです。日本人が、通常の戦争をする、理性と判断力がないと思われている、という問題だと思います。

対米従属を脱するには

橋爪　通常の戦争をする理性と判断力がなければ、通常の政治と外交をする理性と判断力はないわけだろうし、通常の経済活動をする理性と判断力だって、ほんとうはないはずなんです。すべてにおいて信頼されておらず、信頼されていなければ、対話が成り立たない。ゆえに、対等の関係にない。対等の関係にないなら「俺の言うことを聞いていろ」と最後に言われるわけであって、これが対米従属の本質です。

「それで仕方がない」とか「それでいいです」とか「もう慣れちゃいました」っていうのは、二次的、三次的な現象である。日本人の、対米従属の心理や態度が、対米従属を生み出しているのではない。対米従属の心理や態度を捨てて、自立をはかれば、対米従属がなくなるわけでもない。

問題をさかのぼれば、自分で戦争をする、政治をする、外交をする発想と能力を手に入れさえすれば、それでよいのです。

大澤　喜んで対米従属していることが問題だと思うんですよね。

いろんな形でアメリカに依存せざるをえないというのは別に日本だけじゃないですね。しかし他の国は皆、仮にある程度アメリカに依存したとしても、それは、言ってみれば必要悪なんですよね。戦略上どうしても仕方がないからある程度の従属は甘受する。ところが日本だけは嬉々として対米従属している。というのは、日本がアメリカに従属することが、日本人が日本人として最低限自分の自尊心をもつための必要な条件だと思い込んでいるからです。しかしアメリカのほうがそんなに日本のことを好きなわけでもない。特別嫌いかどうかは別として、少なくとも特別に重視しているわけでもない。

だから日本人は、過大にアメリカが日本に対して好意をもっているという幻想をつくって、その幻想にそって行動している。ほんとうは、この幻想がおかしいと日本人ももう半分わかっていると思いますが、おかしいと思いつつやめられない茶番劇をやっているという感じがしますね。

おそらく戦争が終わったときに、多くの日本人は負けたからいけなかったというよりも、戦争自体に何かスキャンダラスな部分があったという感覚はもったと思います。しかしじゃあ何がいけなかったのかまで問い詰めて考えなかった。問い詰めて考えると自分自身が危うくなるみたいな状態だったと思いますけれども。それで先ほど言ったような、実は日本人はアメリカに愛され解放されたみたいな図式によって、その危うさに直面するのを回避した。

日本人の幻想の中ではアメリカは対等なパートナーなんですよね。ほんとうはそうじゃないことは誰もがわかっているわけですけど。

アメリカのやろうとしていることに日本人が「義」を感じるとか、「共感する」とかいうことがあってアメリカによる平和を日本も応援してやりましょうということだったらいいんですけど、全然そういうことじゃない。日本が愚かな戦争とその敗戦にもかかわらず最低限存在する価値があるとすれば、アメリカが肯定的に日本を見ているからだという図式によるのです。これはちょっとまずいと思いますね。

武士がアメリカに化けた

橋爪　対米従属は、このように歴史的に形成されたものだと思うが、百歩譲って、日本人のカルチャーに、嬉々として従属し、対等な関係であることを望まないという傾向がもしあるとすれば、それは、三〇〇年近く続いた江戸時代の身分制にあると思う。

町人や農民には政治的発言力はなくて、言われるままにいろいろしていた。それでなぜ社会秩序が成立していたかというと、武士がいるからです。武士は戦闘員資格があって、いざとなれば斬り合いをし、場合によると責任を取って腹を切ったりする。町人や農民はそんな馬鹿なことはしない。という、二種類の人びとの組み合わせだった。

明治になったとき、武士の出身者が、日本を仕切った。名誉を重んじて腹を切ったり、普通じゃない変わった人びとだったけど、政治と軍事と外交をやらせると、それなりにわかりやすかった。そして、海外の人びとから、それなりに尊敬もされたわけ。儒学とかをやっていて、そこそこ知識もあったし、話が通じる連中であると、彼らに思ってもらった。世界中に、こういうふうに思ってもらって、独立を認められ条約を結び、近代化の後押しもしてもらったなんていう国は、そう多くない。ここまではよかった。

この、武士の伝統が途切れてから、日本は迷走を始めたようにみえる。敗戦のときに何が起こったかというと、武装解除したからアメリカが武士になってしまって、日本は、町人と農民になった。町人と農民のカルチャーは、たしかに日本にあったかもしれない。でも、武士のカルチャーもあったはずなのです。

そこに望みがあると、私は思う。武士になれと言っているわけじゃなくて、政治や軍事や外交を、人の生き死にを踏まえて、人びとが幸せに生きていくことを知恵を尽くして考えるということを、ずっとやってきたはずだ。それが急にできなくなるというのは、ただの怠慢以外のなにものでもない。

大澤　私も基本的なところは共感します。

歴史に立ち返る

大澤　もし我々に立ち返るところがあるとしたらそこだと思うんですよ。先ほど『坂の上の雲』くらいの地点に立ち戻るだけだと、模擬試験の成績が良かったと言っているだけなのでダメだ、ということを言いました。ということは、試験を目指す前のところに戻らないとならないわけです。そうすると、明治維新の地点ということになります。今年は、その明治維新からちょうど一五〇年たっているわけですが。ただ、この地点に立ち戻るにしても、その戻り方に工夫が必要だと思います。

たとえばフランス革命のことを考えてみます。フランス革命はいちおう第三身分を主人公とした革命であり、そして革命が終わった後、実際に第三身分が社会の主人公になるわけです。フランス革命は、シェイエスが有名なパンフレットの中で書いていたように、それまで無だった第三身分が社会のすべてになる革命です。その転換は、まさに第三身分自身が担った。

日本の明治維新はどうなのか。事情は少し違っています。明治維新の担い手は明らかに武士なんですよね。武士としては下級ですが、武士は武士です。しかし武士が勝利して武士の時代が来るわけじゃなくて、武士はいなくなったわけです。フランスの第三身分によく似た、農民や商人が反乱を起こして、四民平等が実現したわけではない。武士が主導権を握って、たぶん武士としても武士的精神でやったんだと思いますけど、しかし気がついてみるとこの武士の状態を自己否定しなければいけないところに追い込まれていった。武士が起こした革命なのに、いちばん割りを食ったのは武士です。武士は、ただ否定されるものとしての限りで、革命の中心的な担い手だったわけです。

たしかに私たちが立ち戻るとすれば明治維新のところにです。その時代にあったエートスに活路があるかもしれない。しかし、その活かし方というのがなかなか難しい。皆で刀を差せというわけではもちろんないですが、どのように、その精神のポジティブな部分を取ってくるかということに関して、何らかの捻りがいるかなと私としては思います。

明治維新は武士を超えた

橋爪　あまり捻りは要らないと、私は思います。
武士が考えていた頭の中身は、儒学でしょう、それから、国学でしょう、それから、蘭学でしょう。さて儒学には、武士という概念がない。国学の大事な点は、江戸幕藩制よりも前に社会の原点を置くという考え方なのですが、国学にも武士という考え方がない。蘭学にもちろん、武士という考え方はない。だから、武士がなぜ明治維新のアイデアに魅了されたかと言うと、武士を超える原理だったからです。はじめから、武士の運動ではないんです。理念的なものなんです。というふうに明治維新を考えないと、その明治維新の革新性を、取り出せないと思う。

大澤 私はこう思うんです。結果的に見れば武士というものがある意味で乗り越えられていく、アウフヘーベンされているわけですけど、これは「理性の狡知《こうち》」という感じがするんですよよ。

たとえばブルータスたちがシーザーを暗殺する。それは現に成功しているわけです。シーザーをやっつけて、彼が独裁者になるのを防いだわけです。しかし、そこから起動した歴史の過程は、ローマに皇帝というものを生む。シーザーという個人が独裁者になるのを防いだために、逆に、皇帝という永続的な独裁者の制度ができてしまう。実際、「シーザー」の名は、固有名詞としては否定されるけれど、皇帝を意味する一般名詞として復活する。

このシーザーの場合は、まさにそれを否定したことで、より肯定的なものとして復活した。武士の場合には、逆だと思うのです。肯定したことによって、否定されたわけです。明治維新の中心的な担い手だった下級武士は、やはり、自らが理解する武士的なエートスにのっとって行動したと思います。ところが、その歴史の運動は、最終的には、武士を否定するものとして成就している。だから意図せざる結果という感じがするんですよね。

この場合、意図していたことと結果が違うので受け取り方が難しい。ただ、真実は、意図よりも結果のほうにあると考えるべきです。ローマの場合も、人びとは自覚していないが、当時のローマ社会は、シーザーが人気を博していた段階においてすでに潜在的には共和政を放棄して、皇帝を欲していた。日本の明治維新も同じです。その推進者たちが意識していたこととは異なるところに、ほんとうの社会の欲望のありかはある。そういう問題だと思います。

アメリカはなぜアメリカか

橋爪 さて、対談ではここまで、アメリカがアメリカたるゆえんを、その深層に追い求めてきました。その補助線は、大きく言えば、まずキリスト教のプロテスタンティズム（第Ⅰ部）。そして、その信仰が現実へと向かう態度である、プラグマティズムでした（第Ⅱ部）。

第Ⅲ部では、そうして強大となったアメリカに、従属せざるをえない日本の、どこがまずいのかを掘り下げてきました。日本人は、アメリカにさまざまな幻想を投げかける。その割に、アメリカの真実の姿を突き止める用意ができていない。そこで最後に、まとめとして、アメリカのほんとうの姿を、ざっくりと描いておきたいと思います。

大澤 それはぜひお願いします。

橋爪 アメリカは、新大陸の国です。旧大陸は、人間が多くてゴミゴミしています。新大陸は、空き地状態です。産業文明が始まる時期、その新大陸に、信仰深く勤勉な人びとが移り住んだ。そして、旧大陸に並行する産業文明を、新大陸に築きあげていった。

これだけなら、新大陸のアメリカは、ただのオマケのようなものです。けれども、新大陸は十分に広く、資源が豊かで、旧大陸の移民を招き寄せることができた。さまざまな条件が重なって、アメリカの骨格ができあがっていきます。

このプロセスは、アメリカの人びとにとっても、意外なものでした。アメリカは、誰の予想をも超えて、確固として存在するようになっていった、歴史的・社会的な実在です。

そんなものは、存在するはずではなかったのです。

大澤　言われてみれば、ほんとにそうですね。

世界の警察官になる

橋爪　アメリカは、時期に応じて、旧大陸に対するスタンスを変化させていきます。
アメリカの国力が小さかったあいだは、列強の介入を排除し、旧大陸と距離を置くことを最優先します。アメリカは、面積が大きく、資源も豊富なので、国外に植民地をもつ動機がほとんどなかった。この点が、旧大陸の列強とは異なります。代わりに、国内のフロンティアを開発し、国土を拡張し、新大陸での安全保障をはかることに集中しました。言い換えれば、余裕があります。列強を相手にしのぎを削らなくてよいので、外交では、きれいごとの原則論を言っていればよいという側面があります。

大澤　明治維新の当時、アメリカが外交の指南役を買って出たのも、そういう側面のあらわれですかね。

橋爪　はい。アメリカは、旧大陸に重大な利害関心をもたないので、旧大陸への関与は限定的でした。たとえば一九世紀の前半、捕鯨は、アメリカの主要産業のひとつでした。鯨油を、灯火用に販売したのです。そこで日本に、開国して、捕鯨船の補給をするよう求めます。

その後、油田が発見されて、捕鯨はあっと言う間に下火になります。

南部の農産物（綿花、タバコ、サトウキビ）が、輸出産業として重要だったのは、南北戦争のところでのべたとおりです。

一九世紀後半から、アメリカはイギリスにつぐ強国として、国際社会での地位を向上させます。そして、旧大陸に対して、明確な利害関心をもつようになります。

たとえば極東アジアで、日本が勢力を拡大し、中国を支配下に置くことを警戒します。日露戦争の和平の仲介を買って出たのも、そのあらわれでした。日本との戦争が避けられなくなったのも、日本の中国侵略を認めるわけにはいかなかったからです。もしも日本と中国が合体すれば、将来、アメリカに匹敵する勢力圏になる可能性があるのです。

ヨーロッパで、ドイツの勢力が強くなり過ぎること。特に、ナチスがヨーロッパを併呑することは、見過ごせませんでした。けれども、アメリカの態度は煮え切らず、第二次世界大戦でも参戦が遅れました。

旧大陸が単一の勢力にまとまることも、アメリカは容認できません。ソ連には、その可能性がありました。ヨーロッパを併呑し、中東を制圧し、インド、中国を勢力下に収め、日本を属国化する。旧大陸がひとつにまとまれば、アメリカの独立も脅かされます。冷戦は、イデオロギーの戦いである以上に、地政学的な争いでもあったのです。

大澤　そう考えると、冷戦は、新大陸（と言っても北米、いやアメリカ合衆国ですが）と旧大陸の対立の独特の反映でもあるんですね。もともと、西ヨーロッパのある部分を誇張したような因子が、北米に、言わば移植された。その段階では、新大陸は西ヨーロッパの付属品でしかないわけですが、やがて、逆にその付属品のほうが中心になって、新大陸（アメリカ）と西ヨーロッパの主従関係が逆転してしまう。これが、冷戦における西側陣営ですね。それ以外の旧大陸勢力が、東側陣営ということになりますね。

橋爪　はい。そのアメリカが、自由世界を守り、冷戦を乗り切ったのは、二度の世界大戦で煮え切らない態度を取り、国際社会の主導権を握らなかったために世界を混乱させた苦い経験を、教訓にしたからでした。アメリカは、世界最大の大国として、新大陸、旧大陸を含む世界に対して、責任を自覚するようになりました。旧大陸のかつての列強は、疲弊して、アメリカに対抗するどころではありません。これが、私たちのイメージするアメリカです。

覇権国アメリカ。これはアメリカの本質なのか。思うにアメリカは、なりたくてこうなっているのではない。成り行きで仕方なく、こうなっているとも言えるのです。ということは、やがて覇権国を、下りる可能性もないとは言えない。

大澤　覇権国というのは、必ずしもなりたくてなるものでもないですね。二〇世紀の前半、アメリカは、客観的にはすでに覇権国であったのに、自身にその自覚がたりなかった。そこで、二〇世紀の後半には、アメリカは覇権国として自覚的にふるまったのでしょう。しかし、やがて、二〇世紀の前半とは逆のこと、まず、客観的にはすでに覇権国としての資格を失いつつあるのに、過剰に、覇権国であるとのアイデンティティに固執する、というような段階が来るかもしれず、すでに来つつあるとも言えます。その果てには、アメリカが覇権国を辞する、というときがあるのか、ないのか。

アメリカはいつまでアメリカか

橋爪　アメリカは今も覇権国です。世界最大の経済大国で、軍事大国です。科学技術や先端産業など多くの分野で、世界のトップを走り続けている。

けれども、その相対的な地位は、低下の傾向を続けています。

第二次世界大戦後の一九五〇年代、アメリカは、世界のＧＤＰのおよそ半分を占めていました。ヨーロッパが徹底的に破壊されたので、当然ではあったが、これをピークに、日本やドイツの台頭、中国の台頭、インドや新興工業国の台頭に圧されて、じり貧を続けている。遠くない将来、中国に、世界一の経済大国の座を奪われるかもしれない。

それでもアメリカ経済が健闘しているのは、第一に、優れた大学を多く抱える研究開発力。第二に、国内市場の大きさ。第三に、世界各国から常時、移民が流入し続け、単純労働力を確保し、人口も増え続けていること。ヨーロッパ各国や日本に比べて、これは有利な点です。

それでは、アメリカは将来も覇権国の座にとどまるのか。別の国、たとえば中国が、アメリカに挑戦し、覇権国の座を奪いとるのでしょうか。

大澤　覇権国というのは、経済力、軍事力、政治力といったすべての分野で他を圧しているということが条件になります。それらの点に関して、橋爪さんが指摘されたように、アメリカの相対的な地位は低下してきたし、もっと低下するでしょう。しかし、だからといって、今度は中国が覇権国になる、とは簡単にはいかないように思います。

というのも、覇権国の条件にもうひとつ重要なことがある。覇権国というのは、世界の規範的なモデルといいますか、国際社会の価値観やルールの提供者でもある。たとえば、中国などのアメリカ以外の国が、経済とか軍事とかの面でアメリカを凌駕《りょうが》することもあるわけですが、それは、中国流の価値観やルールを世界に受け入れさせたということではない。むしろ、「アメリカ」に代表されるようなルールに、中国が適応するのに成功した、ということに過ぎない。

橋爪 そうなんですね。覇権国は、ただ経済力や軍事力が大きいだけでなく、国際社会を仕切るにふさわしい、行動の透明性、予測可能性をそなえていなければならない。アメリカは、キリスト教文明の一員で、先進主要国と価値観を共有している。世界もアメリカの覇権に、慣れている。その覇権が、どう行動するか、予測可能性の低い中国に、移行することに抵抗があるだろう。

大澤 そう思います。中国によって代表される価値観や態度は、主要先進国が積極的に求めているものとだいぶ乖離している。

二一世紀の世界を見通す

橋爪 そこでありそうなのは、アメリカの覇権が、アメリカを中心とする集団指導体制みたいなものに徐々に移行するというシナリオではないか。ヨーロッパ諸国や日本が、下り坂のアメリカを支えるために協力する。インドやイスラムも、力を貸すかもしれない。中国の覇権を支持する国は、あまり多くないだろう。

覇権国は、国際社会の共同利益と、自国の国益との、折り合いをつけているものです。トランプ政権は「アメリカ・ファースト」と言い、自国の国益を優先させる場面が多かった。覇権を維持するのが負担になってきた、アメリカの余裕のなさを示すものですが、この傾向が続くと、世界は混乱を深めるばかりです。

大澤　おっしゃるとおり、グローバルな社会が存続するためのほとんど唯一の解は、アメリカを主要メンバーとする集団指導体制をより包括的なものにする、ということだと思います。しかし、現状を見ると、それは前途多難です。

たとえば、今、指摘された「アメリカ・ファースト」です。ある意味で、それぞれの国が自国ファーストなのは当たり前です。しかし、アメリカが自分からすすんで「アメリカ・ファースト」と言ってしまえば、アメリカは、たとえば北朝鮮が「北朝鮮ファースト」と言ったり、中国が「中国ファースト」と言ったりすることを容認せざるをえなくなる。トランプは、「アメリカ・ファースト」と言うと、アメリカが再び偉大になる、と思っていますが逆です。偉大な覇権国であるための条件は、少なくとも自分だけは、露骨に

「……ファースト」を言わない、ということです。いずれにせよ、アメリカの大統領が「アメリカ・ファースト」と言っている段階は、集団指導体制的な相互協力とは著しく遠いように思います。

あるいはEU。ヨーロッパレベルの連帯でさえも挫折しつつある。まして、ヨーロッパの範囲を超えた、インドやイスラムや日本を包摂するような協力関係は、目下のところ、かなり困難です。

橋爪 たしかにそうなのです。

アメリカは、新大陸の国だった。旧大陸と切り離されて、理想と夢の中を生きてきた。けれども、二一世紀で起こることは、新大陸と旧大陸が、次第に違いがなくなっていくことだと思う。それは、アメリカのアメリカらしさが際立たなくなっていくことでもあります。

大澤 そう思います。ある意味で、アメリカらしさが際立たなくなったのは、アメリカの成功の結果でもあります。旧大陸やヨーロッパとの関係で、アメリカはもともと例外的な社会だったわけですが、その例外が、世界のデフォルトのスタンダードになりつつある、ということですから。

橋爪 日本とアメリカは、表面的には大きなトラブルなく、関係を続けてきました。問題は、日本が、アメリカの本質を理解していないこと。アメリカの観点に立って、世界や日本を見ることが、実はできていないことです。

この対談では、アメリカを根底で支える、価値観と行動様式について掘り下げてきました。アメリカのものの見方や行動様式を、体得すること。これは、アメリカべったりになることではありません。その反対に、アメリカと違った価値観と行動様式をそなえた、日本を発見することでもあるのです。日本とアメリカの関係が、成熟したつぎの段階に進むために、これは不可欠の作業だと思います。

大澤　全面的に賛成です。日本は、アメリカへの精神的な依存度において、世界でも突出していると同時に、アメリカを理解していない程度においても、突出している。アメリカを知ることは、アメリカへの、ほとんど倒錯的なレベルの依存から脱するための最初の一歩です。そのことをつうじて、日本は自分が何者であるかを知ることになるし、自分がアメリカに対して、あるいは世界に対して何ができるかもあらためて自覚するでしょう。この対談が、そうしたことに少しでも貢献できれば、と願っております。

橋爪　同感です。

あとがき

日本人は、アメリカが存在するのが、当たり前だと思っている。

当たり前すぎて、アメリカのいない世界を考えられないほどである。

よく考えてみると、こんな国が存在するのが、そもそも不思議である。いや、そんなアメリカべったりの政策を七〇年以上も続けてきた日本は、もっと不思議かもしれない。

アメリカ。この不思議な存在。

本書は、こうしたアメリカの、急所を突きとめるための対話である。ただし、新書という器は小さい。そこで大澤氏と手分けをし、ピンポイントで、キリスト教、プラグマティズムの二つの攻略ルートに狙いをつけた。どちらも、アメリカの本質でありながら、これまで日本人が苦手としてきた話題である。それらを踏まえ、二一世紀のアメリカと世界についても考えてみた。これまでアメリカを論じたどの本よりも深いところに、議論が届いているならばさいわいだ。

大澤真幸氏との対談は、いつも刺激的だ。そして、楽しい。話してみるまで思ってもみなかった、いろいろな発見がある。

今回、河出書房新社の担当・藤﨑寛之さんにお世話になった。構想の段階から周到な段取りを重ね、最後はタイトなスケジュールのなか、大車輪で作業を進めてくれた。また、記念すべき新書シリーズの最初のラインアップに本書を加えていただいたことを、誇りに思う。版元に感謝したい。

今回、大澤氏と二人で、森本あんり氏の『アメリカ・キリスト教史』（新教出版社、二〇〇六年）を読んで、対談のきっかけとした。森本氏に感謝したい。

対談のなかでも繰り返し話題になっているが、アメリカを知るということは、日本を知るということでもある。そして、「知る」とは、単なる知識の問題ではない。何よりも、自分が「変わる」ことである。学問は、世界を知り、自分が変わること。そして、この世界をより生きるに値するものに変えていくことだろう。そのように、世界を「知る」人びとが増えていくことを願う。

二〇一八年一〇月

橋爪大三郎

On America
by
Daisaburo HASHIZUME & Masachi OHSAWA
KAWADE SHOBO SHINSHA Ltd. Publishers
Tokyo Japan 2018:11

河出新書 001

アメリカ

二〇一八年一一月三〇日 初版発行
二〇一八年一二月二一日 3刷発行

著者 橋爪《はしづめ》大《だい》三郎《さぶろう》
大澤《おおさわ》真《ま》幸《さち》

発行者 小野寺優
発行所 株式会社河出書房新社
〒一五一―〇〇五一 東京都渋谷区千駄ヶ谷二―三二―二
電話 〇三―三四〇四―一二〇一［営業］／〇三―三四〇四―八六一一［編集］
http://www.kawade.co.jp/

マーク tupera tupera
装幀 木庭貴信（オクターヴ）
印刷・製本 中央精版印刷株式会社

Printed in Japan ISBN978-4-309-63101-1

考える日本史

本郷和人
Hongo Kazuto

「知っている」だけではもったいない。
なによりも大切なのは「考える」ことである。
たった漢字ひと文字のお題から、
日本史の勘どころへ——。
東京大学史料編纂所教授の
新感覚・日本史講義。

ISBN978-4-309-63102-8

河出新書
002